westermann

COOL @ SCHOOL mit MAVIE

W0224610

Englisch
Grammatik
5./6. Klasse

COOL @ SCHOOL mit MAVIE

Mavie Noelle ist Youtuberin, Schülerin, Turnerin, BFF, Schwester, Katzenfreundin ... In diesem Trainingsbuch gibt sie praktische Tipps für den Durchblick beim Lernen und die Entspannung zwischendurch. Seit 2015 ist Mavie mit ihrem Youtube-Kanal online und postet regelmäßig Videos zu Schule, Sport, Styling und vielem mehr.

Bernd Raczkowsky unterrichtet Englisch an einem Gymnasium und ist seit mehr als 30 Jahren im Schuldienst tätig. Seine bisherigen Tätigkeitsbereiche umfassen unter anderem die Fachbetreuung Englisch, die Leitung studienbegleitender Seminare in Kooperation mit der Universität Augsburg, die Mitarbeit in der Schulleitung und die Koordination verschiedenartiger fremdsprachlicher und allgemeinpädagogischer Aktivitäten und Programme.

westermann GRUPPE

Die Beiträge von Mavie Noelle wurden vermittelt durch die Textbaby Medienagentur, www.textbaby.de
Instagram: @mavie_noelle | tiktok: noelle.mavie | Website: https://mavienoelle.de | Youtube: Mavie Noelle

Druck A[1] / Jahr 2022
Alle Drucke der Serie A sind im Unterricht parallel verwendbar.

Redaktion: imprint, Zusmarshausen, Ilona Külen
Illustrationen: Evelyn Neuss, Hannover
Umschlaggestaltung und Layout: Janssen Kahlert Design und Kommunikation GmbH, Hannover
Umschlagfoto: © Mavie Noelle
Druck und Bindung: Westermann Druck GmbH, Georg-Westermann-Allee 66, 38104 Braunschweig

ISBN 978-3-07-**241002**-1

Hallooo, hallihallo, ich bin's – eure Mavie!

Schule ist ja im Großen und Ganzen sehr in Ordnung, finde ich. Aber manchmal hakt's am Durchblick. Für diesen Fall hast du genau das richtige Buch in der Hand:

COOL@SCHOOL mit MAVIE
macht Englisch-Lernen einfacher!

Bernd Raczkowsky kennt sich als Lehrer bestens mit Englisch-Schwierigkeiten aus. Er erklärt den Stoff so, dass du ihn verstehst, und gibt auch noch ganz viele **Tipps** dazu. Außerdem hat er sich für dieses Buch massenhaft gute **Übungen** ausgedacht. Nach jedem Thema gibt es einen **Test**: Dann kannst du sehen, wie du dich verbessert hast! Lösungen zu allen Aufgaben findest du ab Seite 113.

Immer nur üben geht natürlich gar nicht. Deswegen habe ich für dich ein paar **Extra-Mavie-Seiten** im Buch versteckt: mit Geheimtipps für smartes Lernen (selbsterprobt 😉), superleckerem Brainfood, DIYs und Entspannung!

Wenn der Platz im Buch mal nicht ausreicht, schreibst du einfach auf einem Extra-Blatt weiter.

Und das Beste ist: Immer, wenn du dieses Sternchen siehst, kannst du einen **Sticker** auf meine Autogrammkarte hinten im Buch kleben. Freu dich nach allen geknackten Englisch-Challenges über die vollständige **Mavie-Autogrammkarte**!

Und jetzt ran ans Lernen 😊 – viel **Spaß** und **Erfolg**!

Deine

Mavie

PS: Alle meine Trainingsbücher findest du auf lernando.de/mavie-noelle.

INHALT

Wenn du ein Thema bearbeitet hast, kannst du es abhaken ✓. So hast du deine Erfolge immer im Blick!

1 Grundlegende Fehler – leicht vermeidbar!

2 Fehlerquellen rund ums Nomen

3 Zeitformen (tenses) richtig gebrauchen

4 Fehlerquelle Adjektiv und Adverb

5 Satzkonstruktionen: systematisch richtig!

1 GRUNDLEGENDE FEHLER – LEICHT VERMEIDBAR!

Fehlerquelle Pronomen

REGEL

Pronomen sind wesentliche Bestandteile von Sätzen. Bei ihrer Verwendung musst du zunächst die beiden folgenden Gruppen unterscheiden:

1. **Personalpronomen im Subjektfall**

Singular			Plural		
1. Person	2. Person	3. Person	1. Person	2. Person	3. Person
I	***you***	***he/she/it***	***we***	***you***	***they***
ich	du	er/sie/es	wir	ihr	sie

Achtung: *I* wird immer groß geschrieben, egal an welcher Position im Satz es steht.

Beispiele: *I speak English. Do you live in Birmingham? Is he tired? She likes jazz music. It sometimes rains in August. We must leave now. Do you know lasagne? They know how to behave.*

2. **Personalpronomen im Objektfall**

Singular			Plural		
1. Person	2. Person	3. Person	1. Person	2. Person	3. Person
me	***you***	***him/her/it***	***us***	***you***	***them***
mir/mich	dir/dich	ihm/ihn ihr/sie ihm/es	uns/uns	euch/euch	ihnen/sie

Bei den deutschen Bezeichnungen stellt die Form vor dem Schrägstrich die Dativform (Frage: wem oder was?) dar, jene dahinter die Akkusativform (Frage: wen oder was?).

Damit wird schnell klar: Im Englischen unterscheidet man bei den Objektpronomen nicht zwischen Dativ und Akkusativ.

Das macht das Lernen der Formen natürlich viel einfacher!

1 **Übersetze die folgenden Kurzsätze ins Englische.**

a) Kannst du mich hören?

....

b) Kannst du mir helfen?

....

c) Ich liebe dich.

....

d) Ich glaube dir.

....

e) Du triffst ihn oft.

....

f) Erzähle ihm die Geschichte.

....

g) Mag er sie? (das Mädchen)

....

h) Vertraue ihr.

....

i) Sie besuchen uns oft.

....

j) Sie geben uns Geld.

....

k) Ich brauche euch.

....

l) Er schreibt euch bald.

....

2 **Finde die Fehler, markiere sie und schreibe den Text dann richtig ab.**

Hello, me name's Percy. I'm one of the magic forest dwarfs. We're live under the root of an old spruce together with my parents. These say they're can't afford a better place to live, because new apartments in the woods are too expensive. So there dream of a bigger house hasn't come true. I don't blame they for their economic way of life. It's simply is they're money. Curly, my brother, left our two months ago to start his apprenticeship* as a magician at he's aunt's 'School for Future Witches and Magic Dwarfs'**.

*apprenticeship – Lehre, Ausbildung
**dwarf – Zwerg

3 **Setze die richtigen Pronomen im Subjektfall bzw. im Objektfall ein.**

a) "Can .... hear ...., Lucy?"

"Yes, ... can, but I can't see ...."

b) Mike is fourteen, ...'s not twelve.

His sister's twelve and ....'s as bold as brass.

c) Don't touch ...., Susan. He's in a bad mood.

d) We don't know how to solve this problem.

So can .... please give .... some advice.

e) Don't tell .... lies, my son.

I know that .... always try to find excuses.

f) Come on, give .... a new chance.

They have never disappointed .... so far.

he's	*Kurzform von he is (er ist)*
his	*„besitzanzeigend" 3. Person Singular männl. (sein)*
it's	*Kurzform von it is (es ist)*
its	*„besitzanzeigend" 3. P. Sing. sächlich (sein)*
you're	*Kurzform von you are (du bist/ihr seid)*
your	*„besitzanzeigend" 2. P. Sing./Plural (dein(e), euer(e))*
they're	*Kurzform von they are (sie sind)*
there	*dort, da*
their	*„besitzanzeigend" 3. P. Plural (ihr(e))*

Brainfood tut dem Brain gut

Getrocknete Äpfel für zwischendurch

Ein Tag ohne leckeres Essen ist wie ein Sommer ohne Sonne. Es ist sooo cool, sich auf Snacks oder Mahlzeiten zu freuen! Für mich ist das eine echte Belohnung. YUMMY

Mir macht schon die Zubereitung Riesenspaß. **Selbstgemacht** schmeckt's gleich doppelt gut! Und meine ***super easy*** und ***mega tasty*** Rezepte sind ganz nebenbei gut für ein fittes Gehirn. Schlau essen für 'nen klugen Kopf – STRIKE!

Getrocknete Äpfel

Trockenobst ist ein super Snack, wenn du waaahnsinnig gern was Süßes essen willst. Klar, ein Stück Schokolade ist auch erlaubt – aber fitter bleibst du mit diesen selbstgemachten Trockenfrüchten.

Leckeeeer!

Entferne aus **2 – 3 Äpfeln** das Gehäuse. Besonders gut geht das mit einem Apfelentkerner. Du kannst die Äpfel aber auch einfach halbieren und das Gehäuse rausschneiden. Die Äpfel in **Scheiben** schneiden und auf einem Backblech mit Backpapier verteilen. Noch etwas **Zimt** über die Apfelscheiben streuen und dann im **Backofen** bei 60 °C für etwa 30 Minuten trocknen.
Tipp: Lass die Ofentür einen Spalt offen stehen, damit die Feuchtigkeit entweichen kann.

He, she, it – das „-s" muss mit!

REGEL

Im **simple present** muss bei der **dritten Person Singular** (also bei *he, she* und *it*) grundsätzlich ein -s an das Verb angehängt werden.
Beispiel: *My uncle lives in Southampton.*

4 **Finde die Fehler, markiere sie und schreibe den Text dann richtig ab.**

Rebecca work at Sullivan's Media, a CD shop, in her summer holidays for six hours a week. Does she likes her job? Yesterday her father askeds her about her customers, but she didn't answers his questions. She now just want to relax* because her work at Sullivan's is so hard.

*to relax – sich entspannen

5 **Hinter jedem Verb des folgenden Textes befindet sich eine kleine Lücke. Entscheide, wo du ein -s einsetzen musst.**

Tom collect..... posters. He like..... pop posters best. Pop posters, he think....., are the most wonderful of all posters. Whenever there is a pop concert in his town, he want..... to get..... one of the posters fixed to the boards in the streets. Sometimes he ask..... for a poster at the tourist office and he can usually have..... one. Very often, his friends, who know..... that he is interested in pop posters, give..... him a nice new poster as a birthday present. His father know..... about his son's hobby, so when his colleagues' children go..... to a pop event, he always say.....: "Don't forget..... to look..... for posters!"

REGEL

Beachte die folgenden **Sonderformen**:

1. Endet die Grundform eines Verbs auf **-y nach Konsonant**, dann wird dieses *-y zu -i und es wird -es angehängt* (also ***-ies***).
   Beispiel: *carry → He carries his sister's suitcase.*
   Dies gilt nicht, wenn die Grundform des Verbs auf -y nach Vokal endet.
   Beispiel: *buy → He buys a lot of books every month.*
2. Endet die Grundform eines Verbs auf einen Zischlaut (z. B. ***-s***, ***-ch*** oder ***-sh***), dann wird ***-es*** (statt -s) angehängt.
   Beispiele:
   catch → He always catches a lot of fish in this part of the river.
   brush → She brushes her teeth twice a day.
   kiss → He sometimes kisses his girlfriend.
3. Besonderheiten: Die dritte Person Singular von *go* und *do* endet im *simple present* ebenfalls auf ***-es***:
   Beispiele: *She often goes to the cinema. He never does the dishes.*

TIPP

Wenn du dir nicht sicher bist, ob das Verb auf einen Zischlaut endet, dann mache ganz einfach die „Zungenbrecherprobe": Hänge gedanklich ein -s an und überprüfe, ob das Verb dann noch gut aussprechbar ist oder ob es eigenartig klingt.
Das wäre z. B. bei folgenden Beispielen der Fall:
He ~~washs~~ …; Mary ~~kisss~~ …; My brother ~~fetchs~~ …

6 **Setze die richtigen Endungen ein: -s, -es oder -ies**

a) Susan never go .... to school by bus, she walk ....

b) My younger sister often cr .... (cry) when she's alone at home.

c) Max often switch .... on the lights in his room in the afternoon.

d) Her daughter usually do .... her homework in the kitchen.

e) He pay .... a lot for his mobile phone calls every month.

f) Fred attend .... a language course abroad, so he miss .... his family.

REGEL

Nach **modalen Hilfsverben** *(modal auxiliaries)*, wie etwa *can, may, must, can't, mustn't, needn't, could, might* usw., wird in der 3. Person Singular Präsens weder an das Hilfsverb noch an das Vollverb ein -s angehängt!

Beispiele:

RIGHT: She mustn't ask me so many questions. It might rain.
He must always be home by eight o' clock in the evening.
WRONG: She ~~musts~~ learn a lot for her A-level. Terry can ~~speaks~~ Spanish.
Aunt Lou ~~coulds gives~~ us a lift to the train station.

7 **Bilde aus den Bruchstücken richtige bejahte Aussagesätze.**

a) Ken • might • know • much more • about • the secret

....

....

b) Charlotte • spend • in Scotland • want to • her summer holiday

....

....

c) sister • his • her homework • do • must • in her room

....

....

d) she • go • never • on Sundays • to church

....

REGEL

In den meisten **Fragesätzen** und **verneinten Aussagesätzen** werden in der 3. Person Singular Präsens die Formen ***does*** bzw. ***doesn't*** verwendet. Das zu *does* oder *doesn't* gehörende Vollverb erhält dann kein angehängtes -s.

Beispiele:

Does her English teacher know about her problems at home?

Sven doesn't like dogs very much, to be honest, he hates them.

TIPP

Du kannst dir die letztgenannte Regel ganz einfach merken: In does und doesn't steht bereits ein s, deshalb brauchst du keines mehr beim Vollverb!

8 ***Mediation:*** **Setze die folgenden Sprechsituationen ins Englische um.**

a) Du fragst, ob Sally's Bruder in New York City lebt.

....

b) Du teilst jemandem mit, dass dein Vater seine Freunde nicht zu seiner Geburtstagsparty einlädt.

....

....

c) Du fragst, ob dieser Schrank wirklich in das Schlafzimmer deiner Eltern passt. (passen = *fit*)

....

....

....

....

....

9 **Der folgende Text enthält zahlreiche Fehler, die bereits unterstrichen wurden. Verbessere sie in der rechten Spalte.**

My strange English teacher	
My English teacher is a strange person.	
He look likes a dog, but he don't like	
animals. He know much about the Chinese	
language, but he can't speaks English.	
He often gos out in the evening but he	
never talk to young ladies. Every week	
he buies hundreds of postcards at the	
stationer's*, but he never pay for them.	
He wants to gets married, but he doesn't	
likes families. He dream bad dreams	
every night, so he must cries a lot. He	
can't sees very well, but he don't wear	
his glasses. He musts work a lot, but	
he doesn't goes on holiday. He always	
feel sick, but he never see the doctor.	
He often rushs to school but his never	
late. He can't carries his heavy bag but	
he doesn't wants to buy a car. He don't	
smile although he tell us many jokes. He	
doesn't talks much in his lessons but he	
never finish them in time. Everyone know	
that he's just so strange!	

*stationer – Zeitschriften-/Schreibwarenhändler

Klassenarbeiten – nervig, nützlich, no problem?

Klassenarbeiten können je nach Fach echt stressen … Auf eine Englisch-Arbeit freue ich mich manchmal (fast), denn Englisch ist eines meiner Lieblingsfächer. Aber vor einer Mathe-Arbeit kann ich mich schon mal Tage vorher gruseln … Ganz besonders, wenn das Thema mir gerade so gar nicht liegt.

Ich hab eine **Strategie** gefunden, mit der ich mich auf jede Klassenarbeit gut vorbereiten kann, ohne kurz vorher (oder noch schlimmer – mittendrin) ins Schwitzen zu geraten.

So klappt's bei mir mit der Vorbereitung:

1 **Termine im Blick haben**

Erstelle dir eine **Übersicht**, wann welche Klassenarbeit ansteht. Ich zum Beispiel klebe in meinen Planer **grellbunte Memo-Zettel** auf den jeweiligen Tag. Die kann ich beim Check der kommenden Wochen sicher nicht übersehen.

2 **Rechtzeitig anfangen**

Zu Beginn einer neuen Woche schaue ich mir nicht nur die Termine der aktuellen Woche an, sondern auch die der **kommenden zwei Wochen**. So kann ich sicher sein, nicht plötzlich von einer Klassenarbeit, einem Referat-Termin oder einer Projektarbeit überrascht zu werden.

Ich starte mit der Wiederholung für eine Klassenarbeit etwa zehn Tage vor dem Termin.

3 **Jeden Tag ein bisschen, statt ein Riesenberg auf einmal**

Wenn ich weiß, was auf mich zukommt, nutze ich die Zeit. Ich übe jeden (na gut, *fast* jeden) Tag für die nächste(n) Klassenarbeit(en) – **pro Fach 20 – 30 Minuten.** Ich schaue mir besonders die Themen an, bei denen ich am meisten Schwierigkeiten habe. Dann habe ich noch genug Zeit, mir bei totalem „ICH VERSTEH DAS NICHT!“ Hilfe bei meinen Freundinnen, Lehrern, Eltern oder wer sonst noch den Durchblick hat, zu suchen.

Word order – Ordnung im Satz

REGEL

In englischen Aussagesätzen (bejaht und verneint) und in den meisten englischen Fragesätzen lautet die Reihenfolge, in der die einzelnen Satzteile zusammengefügt werden müssen, folgendermaßen:

1. Im einfachen Satz: S – V – O *(subject – verb – object)*
   Beispiel: *He (= S) earns (= V) a lot of money (= O).*
2. Im Satz mit Orts- und Zeitangabe:
   S – V – O – P – T *(subject – verb – object – place – time)*
   Beispiel: *He (= S) meets (= V) his friends (= O) in Munich (= P) every Tuesday (= T).*

TIPP

Stelle dir einfach das Wort SPORT vor.
Statt V *(verb)* steht hier die genauere Bezeichnung Prädikat P *(predicate)*.
Während des Trampolinspringens kickt Mavie das „Bein" des R weg.
Übrig bleibt also SPOPT – die Reihenfolge der Satzteile im englischen Satz.

10 **Ordne die folgenden Bruchstücke und bilde Sätze mit richtiger Satzordnung.**

a) in Brooklyn • she • last Wednesday • him • saw	
b) Sue • on the playground • heard • yesterday • a strange noise	
c) did not answer • that day • David • that question	
d) take • many pictures • you • last week • at your party • did • ?	

REGEL

1. Enthält ein Satz ein **direktes** (wen oder was?) und ein **indirektes Objekt** (wem oder was?), so gilt:
   indirektes Objekt vor direktem Objekt
   Beispiel: *She gave him the book.* → $S - P - O_{indirekt} - O_{direkt}$
2. Enthält ein Satz ein **Adverb der Häufigkeit** (adverb of frequency), so steht dieses **vor dem Verb**. Somit ergibt sich folgende Reihenfolge:
   $S - Adv_{Häufigkeit} - V - O - P - T$
   Beispiel: *He often visited his aunt in Los Angeles this summer.*

11 **Übersetze die folgenden deutschen Sätze ins Englische.**

a) Hast du mir das Geld gestern wirklich gegeben?

....

....

b) Ich habe ihm das Buch zurückgeschickt, aber er hat es nie erhalten.

....

....

c) Mr Benson lehrt mich Latein.

....

d) Hast du ihm viele Briefe geschrieben?

....

e) Darf ich dir einen Witz erzählen?

....

12 **Platziere das Adverb der Häufigkeit an der richtigen Stelle.**
Beispiel: *She trusts* her friends. (usually)*
→ *She usually trusts her friends.*

a) Tom writes letters. (never)

b) My mum takes the bus to Soho. (sometimes)

c) She's seen a ghost in her room. (often)

d) My aunt has been a gossip** girl. (always)

*to trust – vertrauen;
**gossip – Gerede/Tratsch/Geschwätz

13 **Finde die Fehler, markiere sie und schreibe den Text dann richtig ab.**

Steven walks to school never in winter. When it's too cold, he takes always the bus into town. Then he arrives at 8.15 at school. But this morning he must be early there, because his friend Tom wants to him meet at 8.00 in front of the gym to discuss a big problem – how to learn maths within two days to pass on Friday their test.

Mavies beste Moves

BEWEGUNG ist für mich mindestens so wichtig wie ein guter Snack zwischendurch oder ein Call mit der BFF. Wenn der Kopf bei der ganzen Lernerei nicht mehr denken will, springe ich meistens ein paar Runden auf dem Trampolin. Aber Bewegung geht auch ohne Trampolin, Turn-Equipment oder Fitnessgeräte – zum Beispiel mit einer altbewährten Yoga-Übung (auch für Nicht-Yogis leicht zu schaffen):

Wenn mich dabei zu viel ablenkt, mache ich einfach die Augen zu.

Schulterkreisen

Setze oder stelle dich **gerade** und **entspannt** hin. Kreise mit deinen Schultern: **zuerst über vorne, oben, hinten, unten.** Mach die Kreisbewegung bewusst und nicht zu schnell.
Nach **zehn Kreisen** wechselst du: **vorne, unten, hinten, oben.** Wieder zehn Mal.

Und das **guuute Gefühl** in den Schultern genießen!

There is ..., there are ..., this, that, these, those

REGEL

There is ... und ***There are*** ... sind wichtige Formulierungshilfen, um das deutsche *Es gibt* ... (seltener: *Da ist ..., Da sind ...*) im Englischen auszudrücken. *There is* ... wird für den Singular, *There are* ... für den Plural verwendet. Im Singular gibt es auch die verkürzte Form *There's* ...

Beispiele: *There is/There's much work to do.*

There are too many mistakes in your dictation, Pete.

Is there any question? Are there many tourists?

14 **Setze die folgenden Sprechabsichten ins Englische um.**

a) Frage nach, ob es in Australien viele deutsche Einwanderer (= *immigrants*) gibt.

....

....

b) Frage Lily, ob auf ihrem Bankkonto *(= bank account)* viel Geld ist (ob es dort viel Geld gibt).

....

....

c) Klage darüber, dass es in Schottland so viel Regen gibt.

....

d) Teile mit, dass da im Bus 20 Schüler sitzen (sind).

....

15 Im Zoo. Bilde Aussagesätze. Beginne mit *There is* ... bzw. *There are* ...

a)

....

....

b)

....

....

c)

....

....

d)

....

....

e)

....

....

f)

....

....

REGEL

This und ***that*** sind sogenannte Demonstrativpronomen.

1. ***This*** bedeutet „dieser/diese/dieses". Die dazu gehörende Mehrzahlform lautet ***these***. *This* und *these* werden für Dinge oder Personen verwendet, die sich in der Nähe des Sprechenden befinden.
2. ***That*** bedeutet „jener/jene/jenes". Die dazu gehörende Mehrzahlform lautet ***those***. *That* und *those* werden verwendet, wenn man auf etwas weiter weg Liegendes hinweisen will.

Look at this tree!

Look at that tree!

TIPP

Häufig findest du bei this und these die zusätzliche Ortsangabe here, bei that und those die Ortsangabe (over) there (da drüben).

Beispiele: *Can you see that pencil-case over there? These holes here were dug by rabbits, but those holes over there were made by mice.*

16 Du bist Zeuge eines Autounfalls. Berichte auf Englisch, was du gesehen hast. Schreibe in dein Heft.

Du hast gesehen, dass ...

a) ... dieses Fahrrad hier von rechts kam.
b) ... jenes grüne Auto da drüben nicht angehalten hat.
c) ... jene zwei Jogger dort drüben den Unfall nicht sehen konnten (= *couldn't*).
d) ... diese Reifenspuren (= *wheel traces*) hier von einem anderen Auto sind.
e) ... diese Frau hier alles sah.

17 Finde die Fehler, markiere sie und schreibe den Text dann richtig ab.

Portsmouth is a nice place to spend a couple of days in summer. It gives many old ships there. You can have a guided tour on the HMS Victory, a three-mast sailing ship. These ship once was Britain's pride. There's a lot of old buildings in the harbour quarter and there're many shops to buy souvenirs. That town is really magnificent both for tourists and inhabitants.

s-Genitiv oder of-Genitiv?

REGEL

1. Um den **Genitiv** richtig zu bilden, musst du dir erst einmal folgende Frage stellen: Ist das Bezugswort, (zu) dem etwas gehört oder auf das sich etwas bezieht, eine Person oder nicht?
   Wenn es sich um eine Person handelt, verwendest du den **s-Genitiv**.
   Wenn nicht, verwendest du den ***of*-Genitiv**.
   Beispiele:
   Pete's new bike is blue. (s-Genitiv, Bezugswort Peter ist eine Person)
   The roof of this house is new. (of-Genitiv, Bezugswort this house ist keine Person)
2. So bildest du den **s-Genitiv im Singular**:
   Personelles Bezugswort im Singular + Apostroph (') + s
   Beispiele: *my sister's diary; William's kite; our neighbour's dog*
3. So bildest du den **s-Genitiv im Plural**:
   Personelles Bezugswort im Plural + Apostroph (')
   Beispiele: *her parents' car; the Millers' garage*
4. So bildest du den ***of*-Genitiv (Singular und Plural):**
   Beispiele: *the University of Columbia; the sons and daughters of this nation; the beauty of these beaches; the colour of her eyes*
5. Den Genitiv der unregelmäßigen Pluralformen ***people*** (Leute, Menschen) und ***children*** bildest du folgendermaßen:
   unregelmäßiges Pluralwort + Apostroph (') + s
   Beispiele: *those people's tickets; our children's interests*

18 **Finde die Fehler, markiere sie und schreibe den Text dann richtig ab.**

Listen. Of course, I'm my fathers son. His two sister's daughters are Anne and Susan. They're not my parents kids but my aunt's children. So, they're my nieces. The friends of my nieces often play tennis with me. One of them is called Dennis. Dennis strong point in tennis is his terrible forehand.

19 **Welche Genitiv-Formen sind richtig, welche falsch? Kreuze an.**

Genitiv-Formen	richtig	falsch
a) *... her uncles' wife ...*	☐	☐
b) *... the ground floor of this building ...*	☐	☐
c) *... the suitcases of my sister ...*	☐	☐
d) *... Tom's computer ...*	☐	☐
e) *... our children's comic books ...*	☐	☐
f) *... the Thomsons' bedroom ...*	☐	☐
g) *... Donald Ducks' nephews ...*	☐	☐
h) *... the walls of this room ...*	☐	☐
i) *... Lydias' dream ...*	☐	☐
j) *... Mr and Mrs Johnson's new home ...*	☐	☐
k) *... this street's name ...*	☐	☐

Einige Sonderfälle beim Genitivgebrauch musst du dir ganz einfach merken und als Ganzes lernen:

- *Sie ist beim (geht zum) Arzt.* → *She's at (goes to) the doctor's.*
- *Sie ist bei Victoria zu Hause.* → *She's at Victoria's.*
- *bei den Millers zu Hause* → *at the Millers'*
- *in der Apotheke* → *at the chemist's*

20 **Übersetze ins Englische. Schreibe in dein Heft.**

a) das Buch meines Bruders
b) der Titel dieser Geschichte
c) das Problem der Familie Miller
d) die Fragen der Kinder
e) die Bäume im Garten der Clarks
f) Freds Geheimnis
g) die Fahrräder dieser Leute
h) die Farbe dieser Blume

21 Bilde die richtigen Genitiv-Formen.

 my nephew	 his two dogs	a) I like ……………………………… . ………………………………
 our parents	 new house	b) Our ……………………………… . ……………………………… is quite big.
title		c) I know ……………………………… ………………………………
 these people	 clothes	d) These ……………………………… ……………………………… wet.

TIPP

Was machst du bei Personen, deren Namen auf einen Zischlaut enden (z. B. -s oder -sh)?

In einem solchen Fall musst du folgende Regeln beachten:

Singular	*Plural*
Agnes → Agnes's ball *Louis → Louis's schoolbag*	*Mr and Mrs Dash → the Dashs' bikes* *oder: → the Dashes' bikes*

22 Streiche die falschen Alternativen durch.

a) The **Irvings' • Irving's • Irvings** model railway was rather expensive.
b) I don't like the colours in **Cathys • Cathies • Cathy's** new room.
c) The **Cavendishs • Cavendish's • Cavendishes'** garage is painted blue.
d) **Dennis • Dennis's** kindergarten class is called 'The Rugby Fighters'.

Articles – bestimmt oder unbestimmt?

REGEL

1. Im Englischen erscheint die Verwendung des Artikels recht einfach, denn du musst nicht wie im Deutschen zwischen den Geschlechtern (der, die, das, ein, eine, ein) unterscheiden.
   Der **bestimmte Artikel** lautet im Englischen immer ***the*** (der, die, das).
   Beispiele: *the ball; the stairs; the Browns; the black shirt; the orange*
2. Der **unbestimmte Artikel** lautet meist *a* (ein, eine, ein). Es gibt eine Ausnahme: Statt *a* wird ***an*** verwendet, wenn das darauffolgende Wort mit einem Selbstlaut beginnt.
   Beispiele: *a ball; a horse; a tree;*
   aber: an orange ball; an apple; an ugly wallpaper

TIPP

Du kannst dir die Sache mit dem Selbstlaut ganz einfach mit dem Wort another (noch ein, noch eine) merken, allerdings mit dem Unterschied, dass dieses Wort zusammengeschrieben wird, der Artikel aber niemals an das folgende Wort „angedockt" wird.

23 **Finde die Fehler, markiere sie und schreibe den Text dann richtig ab.**

Once there was the house with many mice in it. A old cat that also lived in the house caught mice one by one and ate them. The mice were so afraid that they decided to hide in their holes and ask an unicorn for a help. "That's too bad. I must get them out by an trick", said the cat to herself. She climbed up the wall and let herself hang down. So a cat pretended to be dead. A mice saw the cat hanging there. ...

24 Übersetze die folgenden Artikel-Adjektiv-Nomen-Gruppen ins Englische.

a) ein teurer Bleistift ....

b) die wunderbaren Strände ....

c) eine fantastische Aussicht ....

d) ein alter Bär ....

e) das beste Hotel ....

25 Setze, wenn nötig, *a* oder *an* ein.

I'm packing my bags, because I'm going to fly to Venice soon. In my big suitcase I've got .... green shirt, ... extra pair of shoes, ... woolen coat, ... orange braces, ... pair of brown trousers, ... old-fashioned hat, ... grey slippers and .... old teddy bear.

TIPP

Vorsicht! Man schreibt an ugly face (ein hässliches Gesicht), aber a unique song (ein einzigartiges Lied), denn ugly beginnt mit einem Selbstlaut, unique hingegen mit einem j-Laut (Lautschrift: [ju:ni:k]).

26 Setze *a* oder *an* ein.

a) .... universal truth

b) .... olive scarf

c) .... United Airlines flight

d) .... audiovisual show

e) .... Indian meal

f) .... university

g) .... angry man

h) .... idea

REGEL

Abstrakte Nomen bezeichnen etwas, das nicht gegenständlich fassbar ist. Der bestimmte Artikel wird bei abstrakten Nomen folgendermaßen verwendet:

a) Werden diese Nomen auf etwas **Allgemeines** bezogen, wird kein bestimmter Artikel gesetzt.
Beispiele: *Do you like music? She loves life.*

b) Werden diese Nomen jedoch näher bestimmt und auf etwas **Spezielles** bezogen, wird ***the*** gesetzt.
Beispiele: *Do you like the music of the 70s? She loves the life in L.A.*

27 **Der Regisseur Franze Romanze möchte seine Filme auch in den USA verkaufen. Dazu muss er seine Filmtitel ins Englische übersetzen. Erledige du die Arbeit für ihn.**

a) Schweigen (*silence*) ist golden ....

b) Das Schweigen der Hämmer ....

c) Das Leben des Herzens ....

d) Stell' dich (*face*) dem Leben! ....

e) Liebe kann heilen (*heal*) ....

f) Die Liebe seines Lebens ....

TIPP

In folgenden Fällen wird meist der bestimmte Artikel gesetzt:
- Fluss- und Meeresnamen: *the Mississippi, the Pacific Ocean*
- Spielen von Musikinstrumenten: *He plays the guitar/the flute.*
- geographische Namen im Plural: *the Alps, the West Indies*

Der bestimmte Artikel wird **nie** gesetzt bei:
- den meisten Straßennamen: *in Fleet Street, next to Key Road*
- Institutionen (allgemein): *at school, to go to church*
- Medien (allgemein): *on TV, watch TV, aber: on the radio*
- Mahlzeiten: *they have dinner/breakfast/lunch/coffee/tea*

Have got oder have?

REGEL

Das deutsche Vollverb **haben** kann man im Englischen auf zweierlei Weise ausdrücken: entweder mit dem englischen Vollverb *have* oder mit der Form ***have got***.

Beispiel: *Ich habe zwei Schwestern.*

→ *I have two sisters. (Vollverb have)*

→ *I have got two sisters. (have got)*

Have got wird sehr häufig im britischen Englisch verwendet.

Im amerikanischen Englisch findet man meist das Vollverb *have*.

Verneinungen und Fragen

1. *Have got* verneinst du mit *haven't got/hasn't got/hadn't got*.
   Beispiel: *They have got a big house.* → *They haven't got a big house.*
2. Das Vollverb *have* verneinst du mithilfe von *don't/doesn't/didn't*.
   Beispiel: *They have a big house.* → *They don't have a big house.*
3. Bei Fragen mit dem Vollverb *have* brauchst du ebenfalls eine Umschreibung mit *do, does, did* bzw. *don't/doesn't/didn't*.

deutsch	*have* (Vollverb)	*have got*
Hast du eine Schwester?	*Do you have a sister?*	*Have you got a sister?*
Hat er keinen Schlüssel?	*Doesn't he have a key?*	*Hasn't he got a key?*
Hatte Sie ein Fahrrad?	*Did she have a bike?*	*Had she got a bike?*

4. Bei Fragen, auf die nur mit *nein* oder *ja* geantwortet wird *(yes-/no-questions)*, können folgende Kurzantworten verwendet werden:
   a) Bei Verwendung des Vollverbs *have*:
   Do you have a car? – Yes, I do./No, I don't.
   Does he have a problem? – Yes, he does./No, he doesn't.
   Did she have a new bike? – Yes, she did./No, she didn't.
   b) Bei Verwendung von *have got*:
   Have you got a car? – Yes, I have./No, I haven't.
   Has he got a problem? – Yes, he has./No, he hasn't.
   Had she got a new bike? – Yes, she had./No, she hadn't.

28 **Übersetze. Verwende dabei das Vollverb *have* oder *have got* (siehe Klammern). Tipp: Achte auf die richtigen Formen *(I have, he/she/it has …)*!**

a) Sie hat furchtbare Probleme. *(have)*

....

b) Ihr habt zehn Minuten (Zeit). *(have got)*

....

c) Die Millers haben drei Autos. *(have)*

....

d) Pete hat zwei Schwestern. *(have got)*

....

TIPP

Have got wird besonders in Aussagesätzen des gesprochenen Englisch oft in seiner Kurzform verwendet:
Singular: *I've got; you've got; he's got; she's got; it's got*
Plural: *we've got; you've got; they've got*
She's a child. → Sie ist ein Kind.
(*she's* = Kurzform von *she is*)
She's got a child. → Sie hat ein Kind.
(*she's* = Kurzform von *she has*)

29 **Setze verkürzte Formen von *have got* ein.**

a) She .... two bikes and brandnew rollerskates.

b) My mother .... three sisters.

c) They .... so many books in their living-room.

d) I .... a big, big problem.

e) We .... a lot of uncles and aunts.

30 **Übersetze. Verwende *have* oder *have got*. Schreibe in dein Heft.**

a) Hat er nicht zwei Schwestern? – Doch./Ja. *(have)*
b) Die Prestons haben keine neue Garage. *(have got)*
c) Hattest du keine Antwort auf diese Frage? *(have)*
d) Ich habe keine Ahnung *(idea)*. *(have)*
e) Ich habe keine Ahnung *(idea)*. *(have got)*
f) Haben sie ein neues Auto? – Ja. *(have)*
g) Hast du einen Bleistift? – Ja. *(have got)*
h) Sie hat zwei Pferde. *(have got)*

31 **Finde die Fehler, markiere sie und schreibe den Text dann richtig ab.**

My friend Anatomus is an alien from a planet in the Andromeda system. He hasn't two but three eyes. He have four tentacles and green skin. He doesn't have got any legs. He's two big wheels to move on and he got red long hair. Has he a nose? No, he's got two of them! Does he have got a face? Of course, he've got the most wonderful face in the universe and the best smile!

False friends

REGEL

False friends (wörtlich: falsche Freunde) sind englische Wörter oder Wendungen, die deutschen Wörtern ähneln, aber eine ganz andere Bedeutung haben. Sie sind daher eine typische Fehlerquelle.

Beispiele:

Ich bekomme ein neues Buch.
FALSCH: *I ~~become~~ a new book. (become = werden)*
RICHTIG: *I get a new book.*

Wie geht es dir?
FALSCH: ~~*How goes it you?*~~
RICHTIG: How are you?

Er ist ein stiller Junge.
FALSCH: ~~*He's a still boy.*~~ (still = noch)
RICHTIG: *He's a quiet boy.*

Typische *false friends*:	
brav ≠ *brave* (mutig) Er ist ein braver Schüler.	→ *well-behaved* → *He's a well-behaved pupil.*
Brief ≠ *brief* (kurz) Sie schrieb einen Brief.	→ *letter* → *She wrote a letter.*
Gift ≠ *gift* (Geschenk) das Gift der Klapperschlange	→ *poison* → *the poison of the rattlesnake*
Grund ≠ *ground* ((Erd)Boden) Was ist der Grund dafür?	→ *reason* → *What's the reason for this?*
Handy ≠ *handy* (praktisch, nützlich) Mein Handy fiel runter.	→ *mobile/cell phone* → *My mobile fell down.*
Kaffee ≠ *café* (Café, Restaurant) Kann ich einen Kaffee bekommen?	→ *coffee* → *Can I have a cup of coffee?*
Marmelade ≠ *marmalade* (Zitrus-Marmelade) Ich mag Marmelade gerne.	→ *jam* → *I like jam very much.*

REGEL

Meinung ≠ *meaning* (Bedeutung/Sinn) Meiner Meinung nach ist das einfach.	→ *opinion* → *In my opinion it's easy.*
Rat ≠ *rat* (Ratte) Ich brauche deinen Rat.	→ *advice* → *I need your advice.*
Rezept (Arzt) ≠ *receipt* (Quittung) Der Arzt gab mir ein Rezept.	→ *prescription* → *The doctor gave me a prescrip-tion.*
Rezept (kochen) ≠ *receipt* (Quittung) Dieses Nudelrezept ist toll!	→ *recipe* → *This noodle recipe is great!*
sensibel ≠ *sensible* (vernünftig) Sie ist schüchtern und sensibel.	→ *sensitive* → *She's shy and sensitive.*

32 **Finde die Fehler, markiere sie und schreibe den Text dann richtig ab.**

Dear Olivia,

How goes it you? Imagine, I became my new notebook yesterday. I waited all day, and finally, late in the afternoon, my father handed me over a brief from the headmaster of our school. It said that I had been brave in class, so there wasn't any ground for having an extra lesson every week. My father congratulated on this good news saying:

"I haven't got a new handy for you, but this notebook here will be yours, because I'm very happy you improved* at school."

So my father's really got a better meaning of me.

*to improve – (ver)bessern

33 **Finde die Fehler in den folgenden Sätzen und verbessere sie.**

a) Tim is a brave child, he never drinks his sister's café.	
b) I think we should paint the bedroom yellow. What's your meaning?	
c) My skin is very sensible.	
d) We thought our dog had swallowed *(schlucken)* some gift. He was very still.	
e) This strawberry marmalade is great!	
f) She is a very sensitive and still person.	
g) My father's rat is often handy.	

34 **Übersetze**

a) Eine mutige, aber sensible Ratte wollte die Ferien in einem stillen Café verbringen.

....

....

b) Ein braver Junge schrieb einen Brief über ein Nudelrezept.

....

....

DIY Focus Wall

ALLES IM BLICK, ALLES IM GRIFF!

Für den Überblick im **SCHUL-KLASSENARBEITEN-HAUSAUFGABEN-TERMIN-CHAOS** kommt hier meine ultimative Orga-Idee für dich: Gestalte dir eine superdekorative, unverwechselbare und seeehr nützliche **FOCUS WALL** !

1 Als Basis brauchst du eine feste viereckige **Pappe**, zum Beispiel die Seitenwand eines größeren Kartons. Nimm dir schönes **Geschenkpapier**, mit dem du die Pappe beklebst. Schneide das Papier etwas größer zu als die Pappe. So kannst du es an den Papprändern umklappen und bekommst schöne Kanten.

2 Im nächsten Schritt brauchst du coole **Klebezettel** in verschiedenen Farben und Formen. Außerdem ist **Deko-Klebeband** nicht schlecht – damit kannst du die Klebezettel zusätzlich festmachen. Und außerdem sieht's schön aus 🙂 .

3 Klebe alle **Wochentage** (Montag – Freitag) mit etwas Abstand nebeneinander. Unter die Wochentage kommen dann deine **Termine**, die du nicht aus dem Blick verlieren solltest.

UND SCHON IST DAS GEFÜHLTE TERMIN-CHAOS KEIN STRESS-FAKTOR MEHR!

MOTIVATION nicht vergessen! Notiere auf kleinen Zetteln Belohnungen, auf die du dich freuen kannst: dein Lieblingseis essen, ein angesagtes Online-Spiel spielen, die Geburtstagsparty deiner BFF ... Befestige die Zettel mit Wäscheklammern an einer Schnur. Die klebst du dann mit Deko-Tape unten an deine Focus Wall.

checked and by Mavie approved

ABSCHLUSSTEST

1 Setze die richtigen Pronomen ein.

a) Mary, why don't ………… want to come to ………… birthday party? All my friends except (*außer*) you will be there!

b) You must call ………… this afternoon. I need some advice (*Rat*).

c) Have ………… seen my new bike, Gilbert? Isn't ………… wonderful?

d) Why doesn't your sister like me, Daisy? I like ………….

e) One day, when Oliver and ………… friends came home, they saw …………, a beauty, a princess!

f) Thomas A. Edison was born in ………… grandfather's house in 1847.

g) You must see the Millers, Hannah. Please meet ………… at Trafalgar Square.

h) I don't like those people. ………… don't really see my problem.

i) …………'re really kind, Mr Benson. But can you help ………… one more time?

j) Sssh – the kids are sleeping. ………… had a hard day.

k) Why don't ………… call the police, Victor? They can help ………….

l) Excuse me, can you please show ………… the way to the station?

m) Go to Marta's father. He is a dentist. And …………'s a good one.

n) I know, ………… don't believe me, Jo. But …………'m telling the truth.

= erreichte Punktzahl / maximale Punktzahl **19**

2 **Übertrage die Verben der rechten Spalte ins Englische und setze deren richtige Form in die Lücken ein.**

Pete's big problem	
Once a year in summer Pete …………………………	reisen müssen
to his aunt in New York City. He …………………	lieben
America, but he ………………………… going on a	nicht mögen
plane. Although so many planes ……………… across the	fliegen
Atlantic Ocean every day, he …………………………	nicht verstehen
………… why only few people …………………………	Angst haben vor
flying. When asked for the reason for this, he ………………	nicht können
give a good answer.	
He often ……………… to the airport and ………………	gehen, beobachten
the jets, but he ……………… the idea of being on one	hassen
of them. ……………… he ……………… how safe flying	wissen
on a plane really is? At least it ……………… to be	scheinen
safer than going by car. His uncle, who ……………… as a	arbeiten
pilot, always ………………: "The most dangerous part of	sagen
an air travel is the lift to the airport in a taxi!"	
He ………………………… giving this statement.	gerne mögen

maximale Punktzahl **15** / erreichte Punktzahl =

3 ***Mediation.* Übertrage die folgenden Sprechsituationen ins Englische.**

a) Teile deinem Vater mit, dass du ihm gerne eine Frage stellen willst.

....

b) Erzähle Alan, dass du seine Freundin letzte Woche in Bath getroffen hast.

....

c) Frage Isabella, ob sie wirklich jeden Tag in Greenwich Tennis spielt.

....

d) Sage, dass du nachmittags oft in der Schule bleibst.

....

e) Bitte den Kellner, dir eine Tasse Tee zu bringen. Could ....

....

f) Teile mit, dass du den Nebel in San Francisco nicht magst.

....

g) Frage Priscilla, wie viele Bücher sie ihrem Bruder an Weihnachten bereits geschenkt (gegeben) hat.

....

....

h) Fordere Pete auf, dir die Wahrheit zu sagen.

....

= erreichte Punktzahl / maximale Punktzahl **16**

4 **Setze ein: *there is, there are, this, that, these, those, here, (over) there***

Good morning, ... is Julia Sullivan reporting from .... year's tennis cup final in Southampton. .... already hundreds of spectators sitting on .... upper seats over .... opposite to me. They are waiting for the players to come and start .... important match. ....n't much time left, so the match will start in a couple of minutes. .... a strange murmur in the stadium because you can see .... dark, grey clouds approaching from the west. Will .... match be started, or must all people find shelter from the rain in one of .... shelter huts over ....?
Oh, my God, what's ....? .... a first thunderbolt! Look, all .... people over there are running down to the entrance gates. They don't want to be struck by lightning, they want to leave .... terrible scene! And it's becoming foggy. I can see .... monitor in front of me, but I can't see .... people in the next row not far away. What a disaster! And right now it starts raining.
I don't like .... weather. .... so many people, and they all want to go home now. .... nowhere to stay because all .... people are nervously pacing around.

maximale Punktzahl **21** / erreichte Punktzahl =

5 Fülle die Lücken mit den richtigen Genitiv-Formen.

Hi, Steven,

You want to know something about .... (my brother, stay) in New York City? Here you are. .... (name, school) is Southpark High. Some months ago .... (my parents, plan) was to fly over to New York to see if everything's alright. I'm sure they wanted to see .... (the host family, home) and the .... (surroundings, this interesting city). In a letter, however, my brother wrote about .... (his friends, plans) of taking him along on a trip to Chicago. To be honest, I think it was .... (my brother, idea) to keep my parents away with this letter. He doesn't want to have them with him in New York because he's got a girlfriend there, called Paris. .... (Paris, parents) live in .... (most expensive borough*, New York). .... (her relatives, homes) are in .... (the heart, Manhattan). I must end now, because I have to go to .... (doctor). I sprained** .... (ankle, left foot) in a basketball match yesterday.

*borough – Stadtviertel/Stadtteil (amerikanisch)
**to sprain – verstauchen

= erreichte Punktzahl / maximale Punktzahl **13**

6 Setze, wenn nötig, *the*, *a* oder *an* ein.

a) After .... dinner, he went down to .... discotheque in .... Boston Road, where he met .... beautiful girl – .... very love of his life. .... life was back!

b) Oh, good heavens, are you really .... man I got married to in .... Alps in .... December?

c) .... old lady told her she saw her play .... violin years ago on .... TV.

d) I like .... literature in general, but I don't like .... literature of the Nineties.

e) .... orange shirts hung on .... old rotten line in .... Bond Street.

f) "I was always late for .... lunch at .... school", he said on .... radio.

g) .... Pacific Ocean is .... biggest of all oceans.

h) .... United Nations commission decided on the problem of poverty in .... Africa.

i) .... money is not too important in .... life!

j) Are you really telling me that .... money I gave you on .... Monday is gone?

maximale Punktzahl **28** / erreichte Punktzahl =

7 Setze die passenden Formen von *have* oder *have got* ein.

a) .... Lynn got a nice room? – No, she .... It's far too small.

b) .... your parents .... trouble with your younger sister? – Yes, they do. My sister .... got a lot of problems at the moment.

c) Sue: I really .... have too much time, so hurry up, please.
Ann: .... you got more time tomorrow? Sue: I'm afraid, I ....

d) She .... a brother, but she .... got two more sisters.

e) Have you .... some tools? – Tools? – Yes, I mean, ... you have a hammer, a screwdriver and a knife? – Yes, I ....

f) .... Mary got a headache? – No, she ....

g) My uncle .... a big family. .... he have twins? – No, he .... He' s .... three girls, two boys and four dogs.

h) Does Sue .... her exercise-books at home? – Yes, she ....

i) My aunt's .... blue earrings.

j) I .... 't .... much pocket money a week. How much .... you have?

k) Hey, ... you have my pen? – No, I .... I've .... my own.

l) He .... never .... much time. He's always hurrying.

= erreichte Punktzahl / maximale Punktzahl **30**

8 Setze die fehlenden Wörter ein.

a) Dr Hudson gave me a .... *(Rezept)* against my terrible headache. He was of the .... *(Meinung)* that I have caught a heavy cold.

b) This .... *(Rezept)* is from my grandma.

c) He has bought nice .... *(Geschenke)* for all his family.

d) What would you like for breakfast? – I would like to have a cup of .... *(Kaffee)*, bread and butter and some orange .... *(Marmelade)*.

e) Oh, the battery's run down. Can I please use your .... *(Handy)* to call my mum? – Yes, you can, but you're .... *(noch)* on time to get home.

f) Did you .... *(bekommen)* a new skateboard? – Yes, I did. My father gave me a blue one some days before he .... *(wurde)* the headmaster of Lincoln School.

g) May I give you some .... *(Rat)*? Take an umbrella. It's going to rain.

h) Excuse me, the .... *(Grund)* why I am late is: I couldn't find my .... *(Handy)*.

maximale Punktzahl **13** / erreichte Punktzahl =

Kontrolliere deine Ergebnisse mithilfe der Lösungen (Seite 117 / 119), addiere dann die erreichten Punkte.

☐ 155 bis 124 Punkte: ☐ 123 bis 78 Punkte: ☐ 77 bis 0 Punkte:

Gesamtpunktzahl von max. **155**

2 FEHLERQUELLEN RUND UMS NOMEN

Plurals – regelmäßig oder unregelmäßig?

REGEL

Im Englischen werden die meisten Nomen **auf regelmäßige Weise** in den Plural (die Mehrzahl) gesetzt. Das geschieht einfach durch **Anhängen von** *-s* an die Singularform (Einzahlform).
Beispiele: *table → tables; kid → kids; girl → girls; boy → boys; teacher → teachers; lion → lions; window → windows; friend → friends*
Auf einige **Besonderheiten** bei der regelmäßigen Pluralbildung musst du aber achten:

1. Endet der Singular auf *-y* **nach Konsonant** (Mitlaut), dann wird im Plural aus dem *-y* ein *-ies*.
   Beispiele: *country → countries; study → studies*
   aber: boy → boys; way → ways (da im Singular -y nach Vokal!)
2. Endet das Nomen im Singular auf einen **Zischlaut**, so wird im Plural **-es** angehängt.
   Beispiele: *kiss → kisses; patch → patches; church → churches*

1 **Was ist auf den Bildern zu sehen? Bilde die richtigen Pluralformen.**

a) 

four trees

b) 

c)  ....

d)  ....

e)  ....

f) 

....

2 Bilde die richtigen Pluralformen. Achte auf Sonderfälle!

a) I know all the .... in the world. (country)

b) He ate half a kilo of .... (cherry)

c) Are the .... still at school? (kid)

d) She must prepare for the test within five .... (day)

e) My two .... are on holiday at the moment. (boss)

f) Our house has got twelve .... (window)

g) This is one of the most beautiful .... in England. (bay)

h) Do you know these red .... over there? (berry)

i) There are so many .... in Scotland. (river)

j) Oh, look at these beautiful .... (watch)

REGEL

Zwei weitere Gruppen besonderer Pluralformen solltest du dir merken.

1. Da sind zum einen die **unregelmäßige Pluralformen**:

deutsch	Singular	Plural
Mann/Männer	*man*	*men*
Frau/Frauen	*woman*	*women*
Fuß/Füße	*foot*	*feet*
Zahn/Zähne	*tooth*	*teeth*
Maus/Mäuse	*mouse*	*mice*
Kind/Kinder	*child*	*children*
Gans/Gänse	*goose*	*geese*
Ochse/Ochsen	*ox*	*oxen*
Schaf/Schafe	*sheep*	*sheep*

2. Nomen, die im Singular auf *-f* oder *-fe* enden, enden im Plural meist auf *-ves*:
   Beispiele: *shelf* → *shelves; wife* → *wives; knife* → *knives; calf* → *calves*

TIPP

People ist bereits eine Pluralform, bekommt deshalb kein *-s* und bedeutet „die Menschen", „die Leute". Beachte den folgenden Genitiv: *People's opinions …* → die Meinungen der Leute.

3 **Setze die richtigen Pluralformen ein.**

On this photo I can see three .... (Gänse), five .... (Frauen), two .... (Kinder), four .... (Regale), a .... (Schaf), six .... (Männer), nine .... (Ochsen), eight .... (Messer), two .... (Mäuse), ten .... (Zähne), three .... (Kälber) and two .... (Füße).

Mengenangaben: some oder any, much oder many?

REGEL

***some* oder *any*?**

1. Die Mengenangabe ***some*** wird im Deutschen mit „einige" oder „etwas" wiedergegeben. *Some* wird in **bejahten Aussagesätzen** verwendet.
   Beispiele: *He bought some books. (einige Bücher)*
   He bought some sugar. (etwas Zucker)
2. In **verneinten Aussagesätzen** und in **Fragesätzen** wird dagegen *any* verwendet.
   Beispiele:
   There aren't any books on the shelf. (Da sind keine Bücher im Regal.)
   Are there any books on the shelf? (Sind da Bücher im Regal?)

4 **Setze *some* oder *any* ein.**

a) I'm sorry, there isn't .... coffee left. You must take .... tea.

b) He had .... quick answers, but they didn't make .... sense.

c) Teacher: Are there .... questions? No? Then let's do .... work.

d) Sophie hasn't got .... money left.

TIPP

Du kannst *some* auch in Fragen verwenden, wenn du mit diesen Fragen um etwas bittest oder etwas anbietest.
Beispiele: *Can I have some jam, please? Would you like to have some eggs?*

REGEL

no

Du kannst statt *not any* auch *no* (kein, keine, keines) verwenden.
No findet sich im gesprochenen Englisch öfter als im geschriebenen.
Beispiel: *There is no time left. Statt: There isn't any time left.*

5 **Übertrage die folgenden Sprechabsichten ins Englische. Schreibe in dein Heft.**

a) Teile jemandem mit, dass es für dieses Verhalten *(behaviour)* keine Entschuldigung *(excuse)* gibt. (Verwende *no*.)
b) Teile jemandem mit, dass es für dieses Verhalten keine Entschuldigung gibt. (Verwende *any*.)
c) Frage, ob du etwas Käse haben kannst.
d) Frage, ob (überhaupt) Käse da ist.
e) Sage, dass du einige der Jungen aus Boston kennst.
f) Teile mit, dass du keinen der Jungen aus Boston kennst.
g) Biete Leah etwas Marmelade an. (Beginne mit: *Would you like ...*)
h) Sage, dass du keine Ahnung *(idea)* hast. (Verwende *no*.)
i) Sage, dass du keine Ahnung hast. (Verwende *any*.)

REGEL

***much* oder *many*?**

1. ***Much*** bedeutet „viel". Es wird bei Nomen verwendet, die man nicht zählen kann, wie z.B. *snow (~~one snow,~~ ~~two snows,~~ ~~three snows~~).*
   Beispiele: *There's much work to do. I haven't got much time.*
2. ***Many*** bedeutet „viele". Es wird bei zählbaren Nomen verwendet.
   Beispiele: *I saw many birds on the rock. She's got many friends.*

6 **Übersetze. Verwende dabei *much* oder *many*.**

viel Spaß ....

viele Menschen ....

viel Geld ....

viele Tiere ....

viele Wörter ....

viel Liebe ....

viel Sand ....

viele Lineale ....

REGEL

Mengenangaben mit *of*

Of ist ein sehr wichtiges Wörtchen, um Mengen anzugeben. Im Gegensatz zum Deutschen, wo man z. B. sagt, „eine Flasche Wasser“, „zwei Kilo Mehl“, muss im Englischen *of* eingefügt werden: *a bottle of water, two kilos of flour.*

7 **Übersetze den Einkaufszettel.**

....

....

....

....

4 Orangen
2 Flaschen Milch
1 Kilo Butter
2 Tafeln *(bars)*
Schokolade
1 Liter Apfelsaft
4 Packungen Reis

A lot of („viel, viele“) kann bei zählbaren und nicht zählbaren Nomen verwendet werden: a lot of birds; a lot of work; a lot of money.

8 **Finde die Fehler, markiere sie und schreibe den Text dann richtig ab.**

Lemon and potato cake

Heat 225 grams butter in a cake tin. Cream the butter and a half kilo sugar in a bowl. Whisk in any potatoes. Crack in some eggs. Don't use too much of them. Mix half a kilo flour with one teaspoon baking powder and put it in the bowl with the sugar. Some further instructions cannot be given because I don't know how to finish the cake. Better ask any of your friends.

ABSCHLUSSTEST

1 **Finde die falschen Pluralformen und korrigiere sie in der Spalte rechts.**

a) I got ten kisss on my cheek from my little cousin Edward.	
b) Mr Spearmint, the dentist, said: "Your toothes are okay."	
c) Look, the lorrys are being loaded with tons of sand.	
d) Last night I dreamt of three mens and two womens. They had really big foots. They were talking to their four childs and playing with six gooses and two sheep.	
e) He doesn't want to watch the finals on TV. He likes being in the stadium to see the matchs live.	
f) The boies and girls were quietly sitting on their chaires.	
g) She knows the capitals of most countrys.	
h) Please put the books on the shelfs.	
i) On his voyage Paul sailed into four different baies.	
j) Four eys can see more than only two.	
k) Don't forget to brush your teeths.	
l) Our childs' new dog is called Alexander the Great.	
m) So many peoples have died in the plane crash.	

= erreichte Punktzahl / maximale Punktzahl **18**

2 **In den folgenden Sätzen sind mehrere Mengenangaben enthalten, von denen aber nur jeweils eine richtig ist. Streiche die falschen Lösungen durch.**

a) Don't eat too **many • much • any** chocolate.

b) Have you got **much • any • no** idea how to translate this sentence?

c) **A lot of • Any • Much** people think ice-hockey is a brutal sport.

d) How **much • any • many • a lot of** roads must a man walk down ...

e) I'd like to have a cup **-- • of • some** tea, please.

f) There's **much • any • no** way out!

g) Can I have **some • any** mustard, please?

h) This really doesn't make **many • a lot of • no • any** sense.

i) Steven hasn't got **a lot of • much • no • any** pets. He's only got a rabbit.

j) There's too **many • any • a lot of • much** water in the pot.

k) In my pencil-case I've got **many • much** pencils and **much • some** rulers.

l) I don't understand. Can you please give me **a lot of • some • no** advice?

m) **Any • No • Some** dogs are really aggressive.

n) A sportscar is **any • no • a lot of • much** faster than a limousine.

o) Pooh, there isn't **many • no • any** salt in this soup. How awful!

p) I've been to **much • no • many** countries in Europe, but the country I like very **many • any • some • much** is Switzerland.

q) Can't you see that there is too **many • some • much** milk in the cup?

maximale Punktzahl **17** / erreichte Punktzahl =

Kontrolliere deine Ergebnisse mithilfe der Lösungen (Seite 121), addiere dann die erreichten Punkte.

☐ 35 bis 28 Punkte: ☐ 27 bis 18 Punkte: ☐ 17 bis 0 Punkte:

Gesamtpunktzahl von max. **35**

3 ZEITFORMEN (TENSES) RICHTIG GEBRAUCHEN

Simple present oder present progressive?

REGEL

simple present

1. Das ***simple present*** ist die einfache Form der Gegenwart. Du bildest es, indem du ganz einfach die Grundform des Verbs verwendest.
   Beispiele: *He looks good. They learn a lot at school every week.*
   We like this kind of Caribbean music very much.
2. Das *simple present* wird verwendet, wenn eine Handlung immer wieder so abläuft oder ein Zustand immer wieder so eintritt.
   Beispiele: *They go to work early in the morning.*
   (Das taten sie in der Vergangenheit so, tun es in der Gegenwart und werden es in der Zukunft voraussichtlich auch so tun.)
   Fish need water to survive.
   (Das war immer so und wird immer so sein.)
3. Wie du bereits auf Seite 9 erfahren hast, wird in der dritten Person Singular (also bei *he*, *she* und *it*) im *simple present* ein -s an das Verb angehängt.
   Beispiel: *We love pop music. Aber: He loves pop music.*

*Das simple present verwendest du für **Gewohnheiten** und **wiederkehrende** oder **allgemeingültige** Ereignisse. Das kannst du dir mit diesem Merksatz einprägen: **Gewöhne** dich **wieder** an das **Allgemeine**!*

1 **Fülle die Lücken in den folgenden Sätzen mit geeigneten Verben im *simple present*.**

a) Paula .... to church on Sundays twice a month.

b) Don't forget your raincoat. It .... a lot on the British Isles.

c) Most people .... that having a big car is too expensive.

d) Most cats don't .... dogs.

2 **Übersetze die folgenden allgemeingültigen Sätze.**

a) Fünf mal acht ist 40.

....

b) Die Sonne geht (immer) im Westen unter.

....

c) Wenn man Eis erhitzt, schmilzt es.

....

d) Pflanzen produzieren Sauerstoff (*oxygen*).

....

e) Kinder brauchen Liebe.

....

REGEL

present progressive

1. Das ***present progressive*** ist die Verlaufsform der Gegenwart.
   Es wird nach folgender Regel gebildet:
   Gegenwartsform von *be* + Verb + *-ing*.
   Beispiel: *Where's Peter? He's feeding the guinea pigs in the garden.*
2. Das *present progressive* wird verwendet, wenn eine Handlung gerade stattfindet.
   Beispiel: *Rebecca is reading the newspaper at the moment.*
3. Manchmal bist du dir vielleicht nicht ganz sicher, ob das *simple present* oder das *present progressive* verwendet werden muss.
   Präge dir hierzu das folgende Schema ein:
   ○ = wiederkehrende Handlung
   ▭ = gerade verlaufende Handlung

simple present: He gets up early in the morning on workdays.

present progressive: Shhh, be quiet, please, Ma is falling asleep.

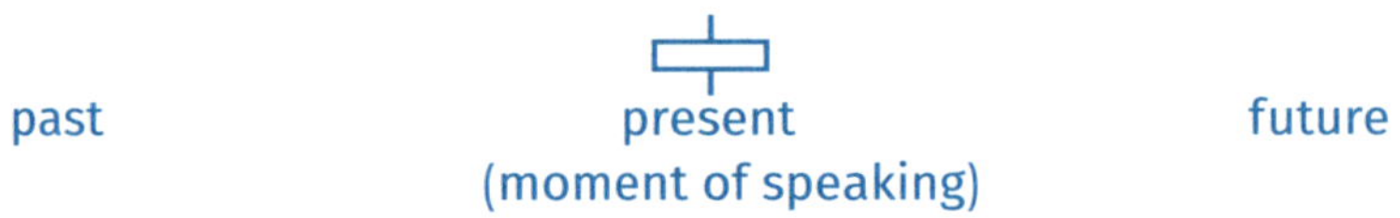

Signalwörter für das ***simple present*** *sind unter anderen: sometimes, often, rarely, usually, always, never, frequently.*

Signalwörter für das ***present progressive*** *sind unter anderen: at the moment, (right) now.*

3 **Bilde aus den folgenden Satzteilen Sätze im *present progressive*. Achte dabei auch auf die richtige Reihenfolge der Wörter.**

a) she • some coffee • at the supermarket • buy • (.)

....

b) spend • without us • their holidays • this week • they • (.)
Can you imagine this?

....

....

c) you • sleep • (?) ....

TIPP

Achte auf folgende Besonderheiten:
a) Endet die Grundform eines Verbs auf einen Mitlaut (Konsonant) nach kurzem, einfachen und betonten Selbstlaut (Vokal), dann wird dieser Mitlaut in der *progressive*-Form verdoppelt.
Beispiele: *sit → sitting; run → running; stab → stabbing*
b) Wird ein *-e* am Ende der Grundform eines Verbs nicht gesprochen (stummes *-e*), dann fällt es bei der *progressive*-Form weg.
Beispiele: *take → taking; have → having; solve → solving*

4 **Trage die richtigen *progressive*-Formen der Verben in Klammern ein.**

a) Oh no, look, this young boy is .... (have) a beer!

b) The film was good. All the people are .... (clap) their hands.

c) Shhh, can you hear this? My brother is .... (snore).

d) Oh no! She's really .... (sit) next to her English teacher.

5 **Im folgenden Bild geschieht gerade sehr viel. Beschreibe die Aktivitäten mithilfe des *present progressive* und der vorgegebenen Satzbruchstücke.**

a) The sun ……………………………………, so it isn't …………………………… .

b) Four children ……………………………………………………………………

…………………………………………………………………………………… .

c) Three boys …………………………………………………………………… .

d) A boy ………………………………………………………………………… .

e) Two boys ……………………………………………………………………… .

f) Mrs. Johnson, the math teacher ……………………………………………… .

g) The school bell ……………………………………………………………… .

h) Mavie ………………………………………………………………………… .

Buchstaben-Bilder:

Handlettering

Mir macht's Riesenspaß, wenn ich was schreibe und mein Geschreibsel richtig schön aussieht. Geht's dir auch so? Geschenkkarten, Postkartengrüße oder Tagebucheinträge werden was ganz Besonderes, wenn sie wie gemalt aussehen.

Und das kriegst du mit Handlettering hin – ich mache das total gern!

Lange Texte male ich nicht mit Handlettering, aber zum Beispiel einen Namen oder kurze Sätze, die mir wichtig sind.

Beim Handlettering geht es nicht nur um das Wort und seinen Sinn. Sondern vor allem um jeden einzelnen, schön gestalteten Buchstaben. Die Wörter können mit kleinen Elementen noch verschönert werden (mit Blumen, Tropfen, Punkten, Sternen ...).

Mich motiviert's, meine Schulhefte in die Hand zu nehmen, wenn sie schön aussehen. Hier sind ein paar Schriftzüge zu einigen Fächern, um die wir alle nicht rumkommen.

Probier's doch auch mal aus!

Simple past oder past progressive?

REGEL

simple past

1. Das *simple past* ist die einfache Form der Vergangenheit.
   Bei **regelmäßigen** Verben wird das *simple past* durch Anhängen der Endung ***-ed*** an den Infinitiv (Grundform) des Verbs gebildet.
   Beispiele: *listen → listened; play → played; work → worked*
2. **Achtung:**
   Endet ein regelmäßiges Verb in der Grundform **auf** *-y* **nach Konsonant**, dann wird aus dem ***-y*** im *simple past* ein ***-ied***.
   Beispiele: *cry → cried; bury → buried;*
   aber: pray → prayed (da -y nach Vokal, nicht -y nach Konsonant)
3. **Achtung:** Endet ein regelmäßiges Verb in der Grundform **auf stummem** ***-e***, dann wird im *simple past* nur noch ein ***-d*** angehängt.
   Beispiel: *like → liked*
4. Die Formen des *simple past* bei **unregelmäßigen Verben** musst du schlicht und einfach lernen. Eine Liste dieser Verben findest du in deinem Englischbuch.
   Beispiele: *see → saw; take → took; read → read; buy → bought*
5. Das *simple past* wird verwendet
   - bei Handlungen und Abläufen, die abgeschlossen in der Vergangenheit liegen,
   - wenn ein Zeitpunkt in der Vergangenheit angegeben ist, z.B. *yesterday, last week, in 1989, two years ago* usw.,
   - bei Fragen mit *when*, die sich auf die Vergangenheit beziehen, z.B. *When did you meet her?*,
   - wenn Handlungen nacheinander in der Vergangenheit abliefen, z.B. *He knocked on my door, came in and sat down on my chair.*

TIPP

Bei aufeinanderfolgenden Handlungen in der Vergangenheit findest du häufig Signalwörter wie etwa first, then, later, suddenly, after that …
Beispiel: *First, he brushed his teeth, then he took a shower, after that he got dressed and finally he went down for breakfast.*

6 **Bilde die *simple-past*-Formen der folgenden Verben. Schlage die unregelmäßigen Verben in deinem Englischbuch nach.**

regelmäßige Verben	
Grundform	***simple past***
a) play	
b) answer	
c) laugh	
d) turn	
e) talk	
f) need	
g) wait	
h) shout	
i) like	
j) help	
k) cry	

unregelmäßige Verben	
Grundform	***simple past***
l) come	
m) drive	
n) find	
o) have	
p) make	
q) run	
r) shut	
s) sleep	
t) stand	
u) think	
v) wear	

- *do → did*
- *have → had*
- *be → was/were (I was, you were, he/she/it was, we were, you were, they were)*

7 **Übertrage die folgenden Sätze ins *simple past*.**

a) I have a headache. ....

b) She is twelve. ....

c) They speak Spanish. ....

d) Freddy knows her. ....

e) We like baseball. ....

f) She has breakfast early. ....

g) It rains. ....

h) They laugh a lot. ....

REGEL

Verneinungen und Fragen im *simple past*

1. Das *simple past* verneinst du mit *did not* oder seiner Kurzform *didn't*.
   Beispiele: *He worked in Munich.* → *He did not/didn't work in Munich.*
2. Fragen, auf die mit „ja“ oder „nein“ geantwortet wird, werden mit *did/didn't* gebildet:
   Beispiele: *Did you post the letter? Didn't you know this?*

8 **Verneine die folgenden Aussagesätze.**

a) The two girls reached the exit.

....

b) The old lady was excited.

....

c) She had a wonderful view of London. ....

....

d) They drank much. ....

9 **Bilde aus den vier Sätzen der Übung 8 Fragesätze im *simple past*, die mit „ja“ oder „nein“ beantwortet werden können.**

a) ....?

b) ....?

c) ....

....?

d) ....?

REGEL

past progressive

1. Das *past progressive* (die Verlaufsform der einfachen Vergangenheit) wird mit der Vergangenheitsform von *be* und der *-ing*-Form des Verbs gebildet.
   Beispiel: *I was sitting on the veranda and the sun was shining.*
2. Das *past progressive* wird immer dann verwendet, wenn sich eine Handlung zu einem bestimmten Zeitpunkt in der Vergangenheit im Verlauf befunden hat.
   Beispiel: *When I got up this morning, the sun was shining.*
3. Wenn eine Handlung in der Vergangenheit gerade im Verlauf war (Hintergrundhandlung) und durch eine dazwischenkommende Handlung unterbrochen wird, dann verwendet man für die Hintergrundhandlung das *past progressive*, für die „störende“ Handlung das *simple past.*
   Beispiel: *She was watching TV, when suddenly the door bell rang.*

TIPP

Bei Fragen, Kurzantworten und verneinten Sätzen gilt das Gleiche wie im *present progressive*, nur dass eben die Vergangenheitsformen von *be* verwendet werden.
Beispiele: *Were you cooking? – No, I wasn't./I wasn't cooking.*

10 **Finde die Fehler, markiere sie und schreibe den Text dann richtig ab.**

A telephone call

Fred Thomson were having a shower when the phone was ringing. He couldn't reach it. That was why he was standing up and grabbed his towel. While he stepped out of the tub he was slipping on a piece of soap that was lying on the floor. When he was reaching the phone the ringing was stopping.

11 Setze die richtigen Formen des *past progressive* oder *simple past* ein.

a) The old man .... (have) a beer, when suddenly a dog .... (start) to bark.

b) First, I .... (finish) my homework, then I .... (go) out.

c) When I .... (wake) up in the night, I .... (hear) that my brother .... (snore).

d) She .... (write) a letter, when there .... (be) a knock on the door.

e) Mavie .... (tidy) up her room, when suddenly there .... (be) a scream.

f) When they .... (go) to bed last night, the birds .... (not sing).

FUN FOOD

Essen macht Spaß, Leute!

Wir sind zwar alle aus dem Kindergeburtstagsalter raus – aber hey! Spaß beim Essen geht immer. Hier kommen die besten meiner Funfood-Ideen. Nachmachen und mit deiner BFF snacken – für doppelten Spaß!

Pizza Mallorca

Pizza mit Sommerfeeling?
Das geht – mit meiner Pizza Mallorca!

Die Flagge von Mallorca mit dem 5-türmigen Königspalast La Almudaina in Palma.

Das brauchst du: fertigen Pizzaboden (viereckig), Tomaten- oder Pastasoße aus dem Glas, gelbe Paprika, schwarze Oliven ohne Kern, Mini-Mozzarella-Kugeln, geriebenen Pizza-Käse (Emmentaler, Gouda ...)

Rolle den Pizzaboden auf einem Backblech mit Backpapier aus. Verstreiche die rote Soße großzügig auf dem Boden. Wasche und entkerne die Paprika und schnippele sie in feine Streifen. Lege mit der Paprika fünf gelbe Querstreifen so, wie du es auf der Flagge siehst. Links lässt du etwa ein Drittel frei. Halbiere die Oliven und verteile sie auf der Fläche ohne Paprika. Halbiere die Mozzarella-Kugeln und lege damit in etwa die Form der Burg nach. Jetzt nur noch die gelben Streifen mit dem geriebenen Käse bestreuen, Salz und ein paar Tropfen Olivenöl auf der Pizza verteilen – und ab in den Ofen: 35–40 Minuten bei 180 °C sollten reichen (oder was auf der Packung deines Pizzabodens empfohlen wird).

Yeah – sooo lecker!

#SHORTS
Und nach der Pizza vielleicht ein Eis?
Coooler Summer Ice Snack

Present perfect oder simple past?

REGEL

1. Das ***simple past*** bildest du bei regelmäßigen Verben, indem du die Endung *-ed* an die Grundform des Verbs anhängst.
   Zu den Ausnahmen zu dieser Regel siehe das vorige Kapitel.
   Beispiele: *work → worked; clean → cleaned*
2. Das ***present perfect*** bildest du so:
   have/has + die dritte Form des Verbs.
   Bei regelmäßigen Verben besteht die dritte Form des Verbs aus der Grundform + *-ed*. Bei unregelmäßigen Verben musst du die dritte Form (z. B. *seen, known*) auswendig lernen.
   Beispiele: *He has worked hard for his exam.*
   They have worked hard for their exams.
   Have you seen the clownfish?

12 **Bilde Kurzsätze im *simple past* und im *present perfect*.**

	simple past	*present perfect*
I • live • here		
it • rain		
she • see • me		
he • know • her		
we • be • there		
you • have • tea		

REGEL

Das *simple past* und das *present perfect* werden oft falsch verwendet, da ihre Verwendung ein ganz anderes Denken erfordert als im Deutschen.

simple past	*present perfect*
Das *simple past* benutzt du: – für Handlungen und Abläufe, die **abgeschlossen in der Vergangenheit** liegen (oft wird dann ein **Zeitpunkt** angegeben). **Beispiel:** *He bought his car in 2008.* – Wenn Handlungen nacheinander in der Vergangenheit abliefen. **Beispiel:** *He knocked on my door, came in and sat down.*	Das *present perfect* benutzt du: – wenn Handlungen oder Vorgänge in der Vergangenheit begonnen haben und bis zum Zeitpunkt des Sprechens andauern (oft wird dann eine **Zeitdauer** angegeben). **Beispiel:** *She has waited all day.* – wenn Handlungen oder Vorgänge in der Vergangenheit liegen, aber ihr **Ergebnis** zum Zeitpunkt des Sprechens noch sichtbar ist. **Beispiel:** *Oh, look, it has rained!* (Es regnet zwar nicht mehr, aber die Straßen sind nass.)

TIPP

In der Bezeichnung present perfect zeigt dir der Wortbestandteil present, dass diese Zeitform immer etwas mit der Gegenwart zu tun hat: Entweder dauert eben eine Handlung bis zur Gegenwart an oder das Ergebnis ist für die Gegenwart wichtig. In dem Satz Have you ever been to Italy? will der Frager etwa wissen, ob der Gefragte in einem Zeitraum bis jetzt, also jemals, in Italien gewesen ist.

13 **Setze in den folgenden Lücken die richtigen Formen des *present perfect* ein.**

a) She .... (be) to New York very often. So she .... (see) the Statue of Liberty many times in her life.

b) Our teacher .... (show) us many films about US national parks this year. Unfortunately, I .... (not see) all of them because I was ill for some weeks.

c) Where .... you .... (be), Tom?

d) What .... you .... (do), Susan?

e) .... she .... (read) the book?

f) Sarah can't come. She .... (break) her leg.

g) Look! John .... (give) me his smartphone.

Merke dir die Signalwörter!

TIPP

*Typische **Signalwörter für das present perfect**:*
so far (bis jetzt), *not yet* (noch nicht), *since* (seit: + Zeitpunkt), *for* (seit: + Zeitraum), *up to now* (bis jetzt), *ever* (jemals), *never* (niemals, noch nie), u. a.

Typische ***Signalwörter für das simple past***:
last year, in 1980, three years ago, last Monday, in the 1990s, in Roman times, u.a.

14 **Setze *since* oder *for* ein und füge die fehlenden Verbformen ein.**

Mary .... (wait) for Tom .... three hours. She .... (not see) him .... years, so she's extremely excited. .... 2008, when they .... (meet) for the first time in Rome, they .... (not have) any contact. Oh, there he .... (be)! Look at him, he .... (not change). He looks like the young boy Mary .... (be) in love with from the first moment they .... (see) each other.

Like!
Zeit für einen Mavie-Sticker!

15 **Übersetze im Heft. Verwende das *simple past* und das *present perfect*.**

a) Viel hat sich verändert, seitdem ich als Junge hier lebte.

b) Sie ist seit 2 Jahren arbeitslos *(= unemployed).*

c) Seit 2005 ist mein Vater Mitglied im Volleyballclub. Vor zwei Jahren wurde er Vereinsvorsitzender *(president).*

d) Seitdem er letzten Monat nach Boston gereist ist, ist es in unserem Hausruhig geworden.

e) (nach einem Lokalbesuch zurück auf der nassen Straße; es regnet nicht) Schau, es hat geregnet.

f) (du warst in einem Café auf der Toilette; als du zurückkommst, ist deine Tasse leer) Wer hat meinen Kaffee getrunken?

g) Tom hat Mary letzten Dienstag einen Brief geschrieben, aber sie hat ihn nicht erhalten.

h) Während meiner Kindheit (= *in my childhood*) habe ich oft große Tiere im Zoo gesehen. Aber so einen großen Bären wie diesen habe ich noch nie gesehen.

i) (jemand hat deinen Stift weggenommen) Wer hat das getan?

16 **Finde die Fehler, markiere sie und schreibe den Text dann richtig ab.**

Were you ever to Scotland? I have spent a wonderful summer holiday last year in the Scottish Highlands. The weather there has been a bit rainy, but every now and then we saw the sun coming out. The Scottish mountains and valleys were just great. We have done a lot of hiking and mountain climbing. When one day we came out of a pub our car was gone. My father has said "Oh my God, somebody stole our car." We were wrong, however. We have just left the pub through the back door.

Irregular verbs – richtig verwendet

REGEL

In vielen Englischbüchern findest du **eine Liste der unregelmäßigen Verben** mit ihren Formen. Meist ist eine solche Liste wie folgt aufgebaut:

Infinitiv	past-tense-Form	Perfekt-Form	deutsch
see	saw	seen	sehen/sah/gesehen
think	thought	thought	denken/dachte/gedacht
go	*went*	*gone*	*gehen*/ging/gegangen
buy	*bought*	*bought*	*kaufen*/kaufte/gekauft
...	...	...	...

Denke daran, dass die zweite Form (z. B. *saw, thought*) einzig und allein im *simple past* verwendet wird. Die dritte Form (z. B. *seen, thought*) entspricht der Verbform, die im Deutschen meist mit *ge-* beginnt, also *gesehen, gedacht*. Sie wird nur für die Perfekt-Formen verwendet, von denen du allerdings erst das *present perfect* kennst. Achte aber bitte genau darauf, wann du das *present perfect* verwenden kannst. Man kann nämlich nicht sagen, dass beispielsweise der deutsche Satz *Ich habe am Montag dieses Buch gelesen* im Englischen mit ~~*I have read this book on Monday*~~ wiedergegeben wird, ganz im Gegenteil, das wäre falsch, denn es muss heißen *I read this book on Monday*.
Schaue dir hierzu noch einmal die vorhergehenden Kapitel in diesem Buch an, die sich mit den verschiedenen *tenses* befassen.

17 **Finde die Fehler, markiere sie und schreibe den Text dann richtig ab.**

Emma has be to Switzerland for several times in her life, that's why she known how to behave when suddenly some cows are running after you. On that sunny day last Tuesday she first want to stand still and be quiet. But when one of the cows come closer to her, she becames frightened and started running. But in the end she blown the whistle she was carrying with her, and the cow turn round and runs off.

TIPP Im ersten Lernjahr wirst du es hauptsächlich mit den ersten beiden Spalten (Infinitiv und *past-tense*-Form) zu tun haben. Besser ist es trotzdem, wenn du nach Möglichkeit gleich alle drei Formen des unregelmäßigen Verbs lernst.

18 Setze ein.

Infinitiv	*past-tense*-Form	Perfekt-Form	deutsch
tell			
	ran		
		stolen	
			machen
		got	
	caught		
swim			
	fought		
		known	
			bringen
		read	
	taught		
write			
	took		
		kept	
			fahren

Bei den regelmäßigen Verben entspricht die past-tense-Form (Spalte 2) auch immer der Perfekt-Form (Spalte 3), also z. B.
listen – listened – listened,
want – wanted – wanted.

19 **Setze in die folgenden Lücken die richtigen Formen der unregelmäßigen Verben ein.**

a) Lara .... (go) to New Zealand two weeks ago.

b) Have you ever .... (eat) a plumcake?

c) Last month Pete .... (meet) his mother in Los Angeles.

d) She hasn't .... (buy) a new scarf so far. She still uses her old one.

e) No, I didn't .... (lose) my MP3-Player on Wednesday. I have never .... (lose) anything in my life.

f) You can easily translate this German movie title into English. „Die vergessene Welt" in English is "The .... World".

g) She .... (catch) the ball with one hand.

h) Yesterday I .... (swim) in the lake.

i) When he .... (see) that the police were coming in his direction he quickly .... (run) away.

j) While she was working as an au pair in Washington she .... (keep) in touch with her family via Skype.

Going to future oder will future?

REGEL

going to future

1. Das *going to future* ist eine von mehreren Möglichkeiten, zukünftige Ereignisse/Handlungen auszudrücken. Du bildest das *going to future* folgendermaßen:
   Form von *be* + *going to* + Grundform (Infinitiv) des Verbs.
   Beispiele: *Freddy is going to finish his final paper tomorrow.*
   They are going to get a new car soon.
2. Das *going to future* verwendet man für zukünftige Ereignisse, die sich bereits durch deutliche **Anzeichen** ankündigen.
   Beispiele: *Oh, there are dark clouds in the sky. It's going to rain soon.*
   Watch out, we're going to crash!
3. Außerdem verwendet man das *going to future*, um **Pläne** für die Zukunft auszudrücken. Es geht dabei um **feste Vorhaben**, für die gegebenenfalls auch schon Vorbereitungen laufen.
   Beispiele: *We're going to have a great party next Saturday, we have already invited all our friends.*
   I'm going to fly to Belfast.

20 **Bilde Sätze mit *going to future*.**

a) Take an umbrella. It .... (rain)

b) The plane is rolling to the runway. It .... (take off)

c) She's bought a ticket at the counter. She .... (take) the bus to Memphis.

21 **Bilde aus den folgenden Aussagesätzen Fragesätze, auf die mit „ja" oder „nein" geantwortet werden kann.**

a) He's going to have driving lessons.

....

b) She's going to have a baby next month.

....

c) You're going to pack your suitcase.

....

d) They are going to leave the country in an hour.

....

....

....

e) I'm going to get my hair cut.

....

REGEL

will future

1. Das *will future* wird ganz einfach gebildet:
   will + Grundform (Infinitiv) des Verbs.
   Beispiele: *I will help you. Who will win the finals?*
2. Das *will future* wird verwendet, wenn man **Vorhersagen** oder **Vermutungen** über die Zukunft zum Ausdruck bringen will.
   Beispiele: *Sven will be twenty next month. I think she will be proud.*
3. Darüber hinaus gebraucht man das *will future*, wenn man sich **spontan für etwas entscheidet** oder **spontan eine Reaktion äußert**.
   Beispiele: *Wait, I will pick up your brother at the station.*
   OK, I think I'll have the chicken burger then.

Merke dir für den Gebrauch des will future diese Signalwörter:

I think, I'm sure, I suppose, maybe, perhaps, probably.

22 **Betty ist bei ihrer Gastfamilie in Texas angekommen. Sie ist noch etwas nervös und stellt deshalb einige Vermutungen an.**

a) She thinks ....

(... dass ihre Gastmutter *(host mother)* streng sein wird.)

b) Maybe ....

(... wird sie ihr Zimmer nicht mögen.)

c) She .... probably ....

(... wird wahrscheinlich Probleme mit der Sprache haben.)

d) She's sure ....

(... dass sie die Kinder mögen wird.)

e) Perhaps ....

(... wird sie das amerikanische Essen hassen.)

23 **Finde die Fehler, markiere sie und schreibe den Text dann richtig ab.**

Amy is going to be thirteen next Thursday. She will invite all her friends, so she has already made plans and prepared invitation cards. There is going to be good music, and, as every year, her neighbours are going to complain. Amy thinks they are going to talk to her parents after the party. That's why Amy will invite them.

DIY

Smell & Smile

Gerüche können ja was Schönes sein – oder echt ätzend. Wenn's irgendwo gut riecht, fühle ich mich automatisch wohler. Meine Nase scheint mit meinem Wohlbefinden eng befreundet zu sein.

Ich habe einen easy Trick, wie du mit frischen Früchten dein Zimmer nasenfreundlich dekorieren kannst:

Du brauchst Zitrusfrüchte, also zum Beispiel Zitronen, Limetten, Orangen oder Mandarinen.

Schneide die Früchte in Scheiben und verteile sie auf schönen Tellern im Raum, am besten auf der Fensterbank. Bis die Scheiben getrocknet sind, lassen sie netterweise ihre ganze Duftpower in dein Zimmer dampfen. Danach kannst du sie als Deko liegenlassen oder du verschönerst damit das nächste Geburtstagsgeschenk für deine BFF.

ABSCHLUSSTEST

1 *Simple present oder present progressive?*

Every Monday evening Joe .... (try) to improve his judo skills in the gym. He .... (love) this kind of sport because he .... (think) it really supports his discipline and his fitness. He usually .... (start) his training with fifty sit-ups. Today, however, things are different. Right now he .... (sit) in the changing room, because he can't concentrate. He .... (dream) about this wonderful young girl. He often .... (dream) about girls, although he never .... (address) them at school. But this very moment he .... (float) on cloud nine, because his heart .... (beat) fast and a warm feeling .... (run) through his body. Normally he never .... (lose) control. This evening, however, his head .... (be) like a beehouse. Angels .... (sing) wonderful, spheric songs, and magical odours .... (pass) by his nose, although he rarely .... (care) about perfumes. But what on earth is this? Two strong hands .... (shake) his shoulder, and a loud voice .... (hammer) into his ears. "Hey, ... you .... (sleep)? Wake up! It's time to get to the gym."

Oh no, how disillusioning dreams can be!

maximale Punktzahl **19** / erreichte Punktzahl =

2 *Simple past oder past progressive?*

After the summer holidays Mr Roman, the English teacher, ... (ask) the pupils to write a short summary on their holiday activities.

Sue .... (write): "In the first week my brother and I .... (take part) in a summer camp in Wales. On the first day we .... (go) to a small village and .... (visit) a Roman theatre. The next day we .... (go) by bus to a nice lake when we suddenly .... (hear) a strange noise. The bus .... (stop) and the bus driver .... (tell) us that he couldn't go on with us. So we .... (have) to walk the rest of the distance to our camp. The next day we .... (try) to cross a river on a raft*. While we .... (paddle), Tom .... (fall) into the water.

We .... (tear) him out of the water while he .... (cry) all the time. On our last day we .... (trail down) a lonesome path, when we .... (see) Bill, one of the boys, sitting in a tree. A barking dog .... (stand) under it. First it .... (pull) open the boy's rucksack and then it .... (eat) his lunch."

---

*raft – Floß

= erreichte Punktzahl / maximale Punktzahl **20**

3 Streiche die jeweils falschen Zeitform durch.

a) Grace **has won • won** the song contest last year.

b) How many mails **have you written • did you write** to him so far?

c) **Has he read • Did he read** the new Twilight novel?

d) When **have you eaten • did you eat** sushi for the first time?

e) Since I first **have met • met** her, I **haven't slept • didn't sleep** a lot.

f) For so many years people **have fought • fought** against each other in this African country. But so far politicians **have not been • were** successful in making peace.

g) Where's Jane? – I don't know. She **hasn't arrived • didn't arrive** yet.

h) Bill **has gone • went** to the pop concert last night. I **haven't seen • didn't see** him since then. He **has often been • was often** out at night till morning.

i) We **have bought • bought** our car in 2008, but since then our neighbours **have bought • bought** three cars.

j) **Has he told • Did he tell** you about my secret? Really? When **has he done • did he do** this?

k) Son, tell me. How often **have you had • did you have** a beer so far?

l) I'm really exhausted. My mother **has talked • talked** to me for hours.

maximale Punktzahl **12** / erreichte Punktzahl =

4 Setze die richtigen englischen Verbformen ein.

a) Although she was very exhausted after the concert, the pop star .... (give) an interview and .... (answer) all the questions.

b) Did they really .... (sell) their house last year?

c) Picasso .... (make) this painting shortly before he died.

d) Has your team ever .... (beat) our team?

e) Where's my pencil-case? Somebody has .... (steal) it!

f) He doesn't .... (teach) Latin, but he has .... (teach) Maths for years, and he has .... (be) quite a good teacher.

g) My aunt always .... (know) how to tell a good joke.

h) I've .... (wait) for you since 9 o'clock. Where have you .... (be)?

i) .... (tell) me what she .... (say) yesterday.

j) We didn't .... (know) much about the Italian language, so we .... (fetch) a German-Italian dictionary.

k) He .... (be) 16 when he .... (meet) her for the first time.

= erreichte Punktzahl / maximale Punktzahl **18**

5 *Going to future* oder *will future*?

a) I think the team .... win next Saturday.

b) Oh, I've dropped the matches. – No problem, I .... get you new ones.

c) She's pregnant. She .... have her baby in April.

d) The sun .... set at 6.30 tomorrow. But we .... watch the sunset, because the weather forecast is horrible.

e) Pete is worried about his English test. .... he succeed?

f) Watch out, this firecracker .... explode!

g) My grandpa .... be 70 next week. That's why we .... have a big family party on Sunday. What .... the weather be like? 'High Edmund' is approaching from the Atlantic. There .... be sunshine.

h) Next Monday .... be May 1st. So there .... be a holiday.

i) .... spend your next holiday in Ireland?

j) What would you like to have for dinner? – I think I .... take a soup first.

k) She's sure that her brother .... be back soon.

maximale Punktzahl **16** / erreichte Punktzahl =

Kontrolliere deine Ergebnisse mithilfe der Lösungen (Seite 126 / 127), addiere dann die erreichten Punkte.

☐ 85 bis 68 Punkte: ☐ 67 bis 43 Punkte: ☐ 42 bis 0 Punkte:

Gesamtpunktzahl von max. **85**

4 FEHLERQUELLE ADJEKTIV UND ADVERB

Adjektive richtig steigern und vergleichen

REGEL

1. Bei der Steigerung von Adjektiven unterscheidet man drei Formen:
   a) **Positiv** (ungesteigert, z. B. *cheap*)
   b) **Komparativ** (erste Steigerung, z. B. *cheaper*)
   c) **Superlativ** (zweite Steigerung, z. B. *cheapest*)
2. Einsilbige Adjektive werden so gesteigert:
   Komparativ (*comparative*): Anhängen von ***-er***: *old* → *older*
   Superlativ (*superlative*): Anhängen von ***-est***: *old* → *oldest*
3. Zweisilbige Adjektive auf *-y, -le, -er, -ow* werden ebenfalls mit *-er* und *-est* gesteigert.
   Beispiele: *simple* → *simpler* → *simplest;* *slow* → *slower* → *slowest;* *clever* → *cleverer* → *cleverest*
4. Alle anderen Adjektive steigert man mit vorangestelltem *more* im Komparativ und *most* im Superlativ.
   Beispiele: *wonderful* → *more wonderful* → *most wonderful*
   solemn (feierlich) → *more solemn* → *most solemn*
   intelligent → *more intelligent* → *most intelligent*

1 **Bestimme die folgenden Steigerungsformen: Positiv (P), Komparativ (K) oder Superlativ (S).**

a) stupid: .... b) richest: .... c) quicker: ....

d) more fantastic: .... e) most dangerous: .... f) faster: ....

g) heaviest: .... h) strong: .... i) more individual: ....

j) bigger: ....

REGEL

Bei manchen Adjektiven ändert sich bei der Steigerung die Schreibweise.

1. Bei Adjektiven, die auf **-y** enden, wird das **-y** in der Steigerung zu ***-i***.
   Beispiele: *happy → happier → happiest*
2. Und noch eine Besonderheit: Bei Adjektiven, die nach kurzem Vokal auf einen Konsonanten enden, wird dieser Konsonant beim Steigern verdoppelt. **Beispiele:** *fat → fatter → fattest; big → bigger → biggest*

2 **Bilde die fehlenden Formen für die folgenden Adjektive.**

Positiv	Komparativ	Superlativ
	shorter	
industrious (fleißig)		
		curliest
		most interesting
	noisier	
		noblest
hip		

TIPP

Eine typische Fehlerquelle sind die folgenden beiden Sonderformen der Steigerung, die du einfach auswendig lernen musst:
good – better – best   *bad – worse – worst*

REGEL

Oft wird mithilfe von Adjektiven verglichen. Dabei gelten zwei Regeln:

1. Bei **Ungleichheit**, also wenn etwas z. B. größer/älter/schneller ist, gilt: **Komparativform + *than*.**
   Beispiel: *This new car is faster than the old one.*
2. Bei **Gleichheit**, also wenn etwas z. B. genauso groß/alt/schnell ist, gilt: **... *as* + Positivform + *as* ...**
   Beispiel: *This new car is as fast as the old one.*

3 ***Mediation:* Übertrage im Heft die folgenden Sprechabsichten ins Englische.**

a) Bringe zum Ausdruck, dass dies die teuerste Zeitung ist.
b) Frage Ella, ob sie so alt wie dein Bruder ist.
c) Beschimpfe Alan. Sage ihm, er sei der dümmste Junge auf Erden.

Adverbien richtig platzieren

REGEL

Adverbien der Häufigkeit

1. Adverbien der Häufigkeit *(adverbs of frequency)* geben an, **wie oft** etwas getan wird. **Beispiele:** *often, sometimes, never, always, rarely, regularly, frequently, normally*
2. Diese Adverbien stehen im Satz **vor** dem Vollverb und **nach** dem Hilfsverb bzw. einer Form von *be*.
   Beispiele: *We sometimes light a candle in the evening.*
   She has often told us good-night stories.
   You are always late. She has always been late.

4 **Schreibe die Sätze ab und setze die Adverbien der Häufigkeit (in Klammern) an der richtigen Stelle ein.**

a) Jan works until late at night. (often)
b) She has been in Paris. (never)
c) We go to the zoo late in the afternoon. (sometimes)
d) He's excited before tests. (always)
e) They help their father in the garden. (regularly)

REGEL

Adverbien der Art und Weise

1. Adverbien der Art und Weise *(adverbs of manner)* geben an, auf welche Art und Weise, also **wie** eine Handlung durchgeführt wird.
   Beispiel: *She brushed her hair slowly.*
2. Adverbien der Art und Weise bildet man, indem man die Endung *-ly* an das Adjektiv anhängt. **Beispiel:** *clever/enormous/beautiful → cleverly/ enormously/beautifully*
3. Beachte folgende Sonderfälle:
   - Endet das Adjektiv auf ***-y* nach Konsonant**, dann endet das dazugehörige Adverb auf ***-ily***. **Beispiel:** *angry → angrily; busy → busily*
   - Endet das Adjektiv auf ***-ic***, dann endet das Adverb auf ***-ically***.
     Beispiel: *basic → basically*
   - Endet das Adjektiv auf ein stummes ***-e* nach *l***, dann entfällt das stumme ***-e*** bei der Adverb-Bildung. **Beispiel:** *simple → simply*
   - Das Adverb zum Adjektiv ***good*** lautet ***well***.

TIPP

Bei Adjektiven, die schon auf -ly enden, benutzt man in der Adverbkonstruktion die Umschreibungen in a ... way/manner.
Beispiel: *He answered the question in a lovely way/manner.*

5 **Bilde zu den folgenden Adjektiven die Adverbien der Art und Weise.**

Adjektiv	Adverb
horrible	
silly	
extreme	
mad	
friendly	
easy	
quiet	
good	

6 **Adjektiv oder Adverb? Streiche die jeweils falsche Form durch.**

Last Tuesday Jimmy had his **first • firstly** French test at school.

When he entered his classroom he was **calm • calmly**.

But when he got his paper, he started to laugh **furious • furiously***.

His teacher said: "You have to be **absolute • absolutely quiet • quietly**, Jimmy!

Listen, all the others are working **quiet • quietly**.

They can't concentrate **proper • properly**."

But Jimmy couldn't stop laughing, so he left the room **quick • quickly**.

*furious – wild

REGEL

Satzstellung von Adverbien der Art und Weise

Adverbien der Art und Weise stehen an verschiedenen Positionen im Satz:

a) **vor** dem Vollverb: *Paul can easily do this job. She quickly got up.*

b) **am Ende** des Satzes: *Mia can speak Spanish well.*

c) **nach** dem Objekt, jedoch **vor** einem weiteren Adverb oder einer adverbialen Bestimmung des Ortes oder der Zeit.
She played her trumpet loudly in his room until 10 o'clock.

TIPP

Ein Adverb der Art und Weise steht nie zwischen Verb und Objekt.
FALSCH: ~~He brushed quickly his teeth~~.
RICHTIG: He brushed his teeth quickly.

7 **Schreibe die Sätze ab und setze die Adverbien der Art und Weise (in Klammern) an der richtigen Stelle ein.**

a) My cat Tabby was eating her food. (hungrily)

b) Leon, the lion, was sitting on the sofa. (lazily)

c) Maxwell, my chameleon, was looking at me. (patiently)

d) Homer, the bulldog, was running into the kitchen. (hastily)

e) Cleopatra, the spider, was watching 'Spiderman' in the living-room until midnight. (happily)

f) Ramses, the dromedary, was waiting in the bathroom. (nervously)

REGEL

Adverbien des Ortes und der Zeit

1. Adverbien und adverbiale Bestimmungen des Ortes und der Zeit *(adverbs/adverbials of time and place)* sind zum
   Beispiel: *yesterday, two weeks ago, in 2001, every day, under the tree, in the garden, in Stuttgart, into the house.*
2. Für die Stellung im Satz gilt: **Ort vor Zeit, Richtung vor Ort** sowie **Genaueres vor Allgemeinerem**, z. B. Uhrzeit vor Tag, Straße vor Stadtviertel.
   Beispiel: *Tom left his office in Wall Street at 9 o'clock in the evening.*

8 **Bilde Sätze aus den folgenden Bruchstücken. Achte auf die richtige Reihenfolge der Wörter.**

a) Mary • until late in the morning • the newspaper • in the dining-room • was reading.

b) when • into the chapel • she came • she saw • in the centre • of a pool • a statue

c) through the garden gate • something dark • came • at midnight

d) he • on Sundays • his friend • met • in the churchyard • often • at 10 o'clock

e) Mary-Lou • drove home • slowly • last Monday • from the snackbar

9 **Übertrage die folgenden Sätze ins Englische.**

a) Viele Menschen reisen jeden Sommer an die Küsten in Großbritannien.

b) Oft besuchen sie die wundervollen alten Kirchen in den Dörfern im Osten.

c) Sie gehen manchmal in den Läden in der Hauptstraße bis spät abends einkaufen.

d) Dort kann man in den Regalen immer viele Souvenire finden.

10 **Finde die Fehler, markiere sie und schreibe den Text dann richtig ab.**

Cathy is spending in Wales her summer holiday. She arrived yesterday at the station, where Uncle Sam picked up her. She has been never to Wales, so asks she Uncle Sam to show her in the west the nice beaches. Uncle Sam tells patiently her about Welsh history, but Cathy is too tired to listen to carefully him.

ABSCHLUSSTEST

1 **Setze die fehlenden Adjektiv- und Vergleichsformen ein.**

My house is .... *(größer als)* my neighbour's . I'm sure my house is the .... *(größte)* building in our street. Although my sports car is .... *(nicht so schnell wie)* John's, it is the .... *(schnellste)* car I've ever had. To be honest, it's even .... *(teurer als)* a Ferrarri.

I'm really not a .... *(dumm)* blowhard *(Angeber)*, but the .... *(schlechteste)* thing you can do is give people the idea that they are .... *(besser)* than you. That's why I always wear the .... *(coolsten)* clothes I can get.

Sometimes I also love .... *(gutes)* fast food, but what I think is the .... *(großartigste)* feeling, is going out for .... *(fein)* dinners in the .... *(berühmtesten)* restaurant in town. I'm a bit .... *(schüchtern)* sometimes, although I have paid a lot of money to my psychiatrist, who, by the way, is one of the .... *(besten)* in our country.

In my .... *(letzte)* session with him, I asked him why I haven't found a nice girl so far. He just said: "Tom, you are the .... *(netteste)* man on earth!"

= erreichte Punktzahl / maximale Punktzahl **17**

2 Setze das Wort in Klammern an die richtige Stelle im Satz.

a) I .... haven't .... been .... for ages. (in Britain)

b) He .... answered .... the .... question. (quickly)

c) He answered .... the .... question .... (angrily)

d) They're .... late .... for .... work. (often)

e) Tom really .... behaves .... at the moment .... (stupidly)

f) My father .... likes .... going .... for a walk. (sometimes)

g) Have .... you .... been .... to London? (ever)

h) She's got .... twenty cats .... in Brighton .... (in her house)

i) Mrs Thomson .... often .... cleans .... (all the windows)

j) They .... cared about .... his little dog .... (in a lovely way)

maximale Punktzahl **10** / erreichte Punktzahl =

Kontrolliere deine Ergebnisse mithilfe der Lösungen (Seite 129), addiere dann die erreichten Punkte.

☐ 27 bis 22 Punkte: ☐ 21 bis 14 Punkte: ☐ 13 bis 0 Punkte:

Gesamtpunktzahl von max. **27**

5 SATZKONSTRUKTIONEN: SYSTEMATISCH RICHTIG!

Imperatives und modal auxiliaries

REGEL

Imperative *(imperatives)*

1. Imperativformen werden verwendet, um eine Aufforderung direkt an die angesprochene Person zu richten. Man kann jemanden auffordern, etwas zu tun (**Befehlssätze**). Man kann aber auch jemanden auffordern, etwas zu unterlassen (**Verbotssätze**).
   Beispiele: *Sit down! Don't look around!*
2. Befehlssätze bildest du mit der Grundform (Infinitiv) des Verbs.
   Beispiele: *Open your books! Close the window! Stop talking!*
3. Verbotssätze bildest du so:
   don't + Grundform (Infinitiv) des Verbs.
   Beispiele: *Don't talk! Don't sit on your desks! Don't sleep!*

1 Übersetze die folgenden Befehle/Anweisungen und Verbote.

a) Schreib nicht in dein Buch!

....

b) Nimm deinen Finger aus dem Mund!

....

c) Öffne das Fenster!

....

d) Geh mir nicht auf die Nerven!

....

e) Steh nicht herum, arbeite!

....

REGEL

Modale Hilfsverben *(modal auxiliaries)*

Mit **modalen Hilfsverben** kannst du ausdrücken, was man kann/darf/muss/soll oder nicht soll. Modale Hilfsverben benötigen immer zusätzlich ein **Vollverb in der Grundform** (Infinitiv).

Beispiele: *I can speak English. She must go home. He need not help.*

Die Tabelle zeigt die **Verwendungsmöglichkeiten** modaler Hilfsverben:

Hilfsverb	Verwendung	Deutsch/Englisch
can *cannot/can't*	Fähigkeit/Unfähigkeit, etwas zu tun	Sie kann (nicht) sprechen. → *She can (can't) speak.*
can *cannot/can't*	Bitte um Erlaubnis	Kann/Darf er sich hinsetzen? → *Can he sit down?*
must *doesn't/* *don't have to*	Notwendigkeit, Nicht-Notwendigkeit	Ich muss gehen. → *I must go.* Ich muss nicht gehen. → *I don't have to go.*
have to *doesn't/* *don't have to*	Ersatzform von must	Wir müssen (nicht) arbeiten. → *We (don't) have to work.*
must not/ *mustn't*	!!! Verbot !!!	Du darfst nicht mit Fremden reden. → *You mustn't talk to strangers.*
need not/ *needn't*	fehlende Notwendigkeit	Ich brauche es ihr nicht zu sagen. → *I needn't tell her.*

2 Übersetze.

Du kannst diesen Roman *(= novel)* haben und du darfst heute die ersten zwanzig Seiten lesen. Du brauchst dafür nichts zu bezahlen. Aber du musst das Buch am Abend ins Regal stellen.

....

....

....

....

....

3 **Setze die passenden Modalhilfsverben ein:**
can • can't • can't • don't have to • have to • must • mustn't • needn't

a) My sister .... swim. She has never been taught how to swim.

b) .... you help me, please? I .... finish this puzzle without you.

c) .... I really lay the table? – No, you needn't.

d) Pupils .... be in their classroom during breaks.

e) You .... tell me, I already know the story.

f) Oh, it's late, I .... go home now.

g) You .... help me. I will get along without you.

4 **Finde die Fehler, markiere sie und schreibe den Text dann richtig ab.**

Hey, son, tidies up your room! Don't sitting around! You need show me that you are a big boy. You mustn't clean your room every day, but you can follow my instructions. I mustn't under-stand why you are so lazy. So, come on, doesn't lie around!

....

....

....

....

....

....

Conditional sentences

REGEL

Im Englischen gibt es drei Arten von **Bedingungssätzen** *(conditional sentences)*. Die ersten beiden (***type I*** und ***type II***) lernst du in diesem Kapitel kennen.

1. Bedingungssätze bestehen immer aus einem sogenannten *if-clause* und einem Hauptsatz *(main clause)*. Der *if-clause* nennt eine Bedingung. Der Hauptsatz gibt an, was geschieht, wenn die Bedingung erfüllt oder nicht erfüllt wird.
2. Im *conditional sentence type I* ist die Bedingung grundsätzlich **erfüllbar** und **wahrscheinlich**.
   Im *if-clause* des Typ I verwendet man das *simple present*.
   Im Hauptsatz des Typ I verwendet man das *will future*.
   Beispiele: *If she comes, I will be happy.*
   → *Wenn sie kommt, bin ich glücklich.*
3. Es ist egal, ob der *if-clause* oder der Hauptsatz vorne steht. Wichtig ist nur: Steht der *if-clause* vorne, dann wird dieser mit einem **Komma** vom folgenden Hauptsatz abgetrennt. Steht dagegen der Hauptsatz vorne, wird kein Komma gesetzt.
   Beispiele: *If it rains, I will stay in bed. I will stay in bed if it rains.*

5 **Setze die Verben in der richtigen Zeitform ein.**

a) If you .... (not do) this exercise,

you .... (not pass) the test.

b) You .... (not be) hungry this evening

if you .... (eat) so much chocolate.

c) If you .... (not stop) phoning,

I .... (tear) the plug.

Denk daran: Kein would oder should im if-clause!

d) If you .... (be) that nervous in the test,

you .... (make) a lot of mistakes.

e) You .... (miss) the film if you .... (not hurry).

6 Ergänze die folgenden Sätze nach deinen eigenen Vorstellungen. Achte auf die richtige Zeitform.

a) If they travel to Paris in summer, ...

....

b) She will be very angry if ....

....

c) If he doesn't get an answer, ...

....

d) Mr Miller won't buy the car if ....

....

e) If Mavie found a treasure box in the attic, ...

....

REGEL

1. Beim Bedingungssatz **Typ II** *(type II)* wird eine Bedingung genannt, die **wahrscheinlich nicht erfüllt** werden kann. Stelle dir folgende Situation vor: Deine Freundin hat dir gesagt, dass es für sie sehr schwierig wird, zu deiner Party zu kommen. Im unwahrscheinlichen Fall, dass sie doch käme, würdest du dich freuen:
   If she came, I would be happy. → Wenn sie käme, wäre ich glücklich.
2. Im *if-clause* des Typ II verwendet man das *simple past*. Im Hauptsatz des Typ II verwendet man das *conditional* (*would* + Infinitiv).
   Beispiel: *She would come to the party if she had a car.*

7 *Gold fever*. **Setze die Verben in der richtigen Zeitform ein.**

a) If you .... (tell) me the secret, I .... (not tell) anybody.

b) I .... (find) the treasure if you .... (give) me the map.

c) If I .... (find) the gold, I .... (give) you half of it.

d) If I .... (have) my gold, I .... (not get) on your nerves any longer.

e) I .... (buy) a new play station if I .... (get) much money for my gold.

f) I .... (not go) to school any longer if I .... (be) rich.

Who und what

REGEL

Fragesätze mit den Fragewörtern *who*, *whose* und *what* werden sehr oft falsch gebildet.

1. ***Who*** bedeutet entweder *wer*, *wen* oder *wem*.
   Beispiele: *Who won the competition yesterday? (Wer ...?)*
   Who did you meet yesterday? (Wen ...?)
   Who did she write an email last Monday? (Wem ...?)
2. ***Whose*** als Fragewort bedeutet *wessen*. Achtung: Verwechsle *whose* nicht mit *who's* (wer ist).
   Beispiel: *Whose book is this? (Wessen Buch ist das?)*

8 ***A car accident.***
Setze in die folgenden Lücken *who, whose* oder *who's* ein.

a) .... did you see at the corner shortly after the accident?

b) .... car came from the right?

c) .... the driver of the black car?

d) .... has called the police?

e) .... bike is this?

REGEL

Who und *what* können nach dem Subjekt oder dem Objekt fragen.

1. Frage nach dem **Subjekt** (Wer oder was?):
   Who stole the bike? → Wer ...?
   What caused the accident? → Was ...?
   Hier wird **keine Umschreibung mit** *do* vorgenommen!
2. Frage nach dem **Objekt** (Wen/Wem oder was?):
   Who did he meet? → Wen ...?
   Who did she give the book? → Wem ...?
   What did he say? → Was ...?
   Hier ist eine **Umschreibung mit** *do* zwingend notwendig!

9 Übertrage die folgenden Fragen ins Englische.

a) Wen liebt sie? ....

b) Wer liebt sie? ....

c) Was liebt er? ....

d) Wen mochte er? ....

e) Was sagtet ihr? ....

f) Wem vertraust du? ....

g) Was half ihm? ....

h) Wer bist du? ....

i) Wer kennt dich? ....

j) Was ist das? ....

k) Wen siehst du? ....

l) Wem schreibt sie? ....

Beispiele:
Who's the guy with the green shirt?
→ Wer ist der Typ mit dem grünen Shirt?
Where's the guy with the green shirt?
→ Wo ist der Typ mit dem grünen Shirt?

Achtung: Das englische Fragewort „who" hat nichts mit dem deutschen Fragewort „wo" zu tun!

10 **Entscheide, welche der beiden Varianten jeweils richtig ist. Streiche die falsche Variante durch.**

a) – Who told you this story?
   – Who did tell you this story?

b) – Who met you in Munich yesterday?
   – Who did you meet in Munich yesterday?

c) – What did you answer to this silly question?
   – What answered you to this silly question?

d) – What did the damage cause?
   – What caused the damage?

e) – Who wrote he so many letters?
   – Who did he write so many letters?

f) – What did she see?
   – What saw she?

g) – What do you think?
   – What think you?

h) – protested against the new station building?
   – Who did protest against the new station building?

i) – Who did say that teachers had to be strict?
   – Who said that teachers had to be strict?

11 **Finde die Fehler, markiere sie und schreibe den Text dann richtig ab.**

What said you? – I didn't say anything. – But somebody said something! Who did something say? – Nobody said anything. Whose voice heard you? – I don't know. Who did say something? – Nobody did. Whose your doctor? – Dr Stevenson. – Then go and see him!

DIY

Pimp your Smartphone

DEIN HANDYHALTER

Als ich vor ein paar Jahren mein erstes Smartphone bekommen habe, bin ich einigermaßen ausgeflippt. Ich durfte zwar zu Beginn noch nicht alle Funktionen nutzen, das hat mich aber kein bisschen gestört. Inzwischen ist mein Smartphone fester Teil meines Alltags (zum Beispiel für eure Shout-outs of the Day 😛).*

Für den Handyhalter brauchst du ein Stück Fotokarton oder ein anderes, festes Stück Papier etwa in Größe DIN A5. Falte den Karton einmal an der kurzen Seite. Dann im Uhrzeigersinn um 90 Grad drehen. Mit einem Bleistift die Form, wie du sie unten siehst, anzeichnen und ausschneiden.

Aufklappen und – tadaaa: Schon fertig!

Fürs Auge kannst du den Handyhalter mit Deko-Klebeband, Aufklebern und was dir noch so einfällt, verschönern.

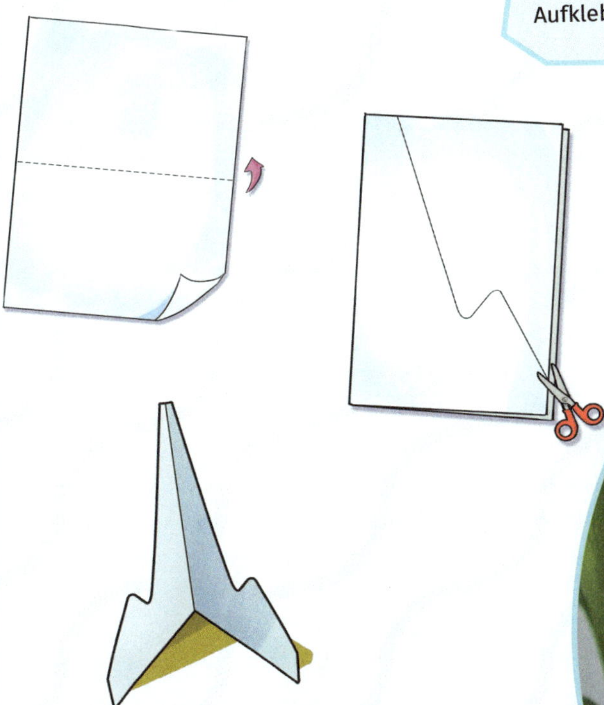

* Ich kann auch sehr gut ohne – eine Smartphone-Pause am Tag muss drin sein. Dann liegt's außer Sicht- und Hörweite und ich bin einfach mal so unterwegs.

Relative clauses

REGEL

Notwendige und nicht notwendige Relativsätze

1. Ein Relativsatz (*relative clause*) ist ein Nebensatz, der ergänzende Informationen zu Personen oder Dingen enhält, die im Hauptsatz erwähnt sind.
   Beispiele: *The man who lives next to us plays the piano.*
   Mr Johnson, who is fifty-five, is a dentist.
2. Im Englischen gibt es notwendige und nicht notwendige Relativsätze. Ein **notwendiger Relativsatz** enthält eine Information, die notwendig ist, um die Aussage im Hauptsatz überhaupt zu verstehen. So ein Relativsatz steht **niemals zwischen Kommas**, weil er für den Hauptsatz so wichtig ist.
   Beispiel: *The man who lives next to us plays the piano.*
   (Hieße der Satz nur „The man plays the piano", wüsste man nicht, um welchen Mann es sich handelt.)
3. Im **nicht notwendigen Relativsatz** steht eine zusätzliche Information, die zum Verständnis des Hauptsatzes nicht notwendig ist. So ein Relativsatz wird **immer mit Kommas vom Hauptsatz abgetrennt**.
   Beispiel: *Mr Johnson, who is fifty-five, is a dentist.*
   (Die Kernaussage im Hauptsatz, dass nämlich Mr Johnson ein Zahnarzt ist, ist auch ohne die Altersangabe im Relativsatz klar.)

12 Welche der folgenden Relativsätze sind notwendig, welche sind nicht notwendig? Kreuze an.

	notwendig	nicht notwendig
Have you seen the DVD **which I bought yesterday**?	☐	☐
The book **that my sister gave me** was boring.	☐	☐
Jill, **whose parents are abroad at the moment**, likes movies from the 60s.	☐	☐
That's the man **who I saw in the bank**.	☐	☐
This man, **who loves detective stories**, is my father.	☐	☐
I don't like the kind of cheese **which you brought from the supermarket on Monday**.	☐	☐
Mary's shop, **which sells second-hand clothes**, is open until 4 o'clock in the afternoon.	☐	☐

13 Setze in den folgenden Sätzen Kommas, wo diese erforderlich sind.

a) Our neighbour who knows much about butterflies is out for dinner.

b) This is the book that I have looked for for two hours now.

c) Will he meet John whose daughter's name is Joanne this afternoon?

d) Mrs Lombard who likes fast food won't come to the party.

e) The young lady who likes fast food won't come to the party.

f) Mr Armstrong who won the Tour de France several times lives in the States.

g) Her mother gave her the nice dress that she had bought in Paris.

h) The police officer wanted to talk to the man that he had seen in the bank two days ago.

i) The police officer wanted to talk to Mr Wayne who is a taxi driver.

REGEL

Relativpronomen

1. Ein Relativsatz beginnt meist mit einem sogenannten **Relativpronomen**, zum Beispiel mit *who, which, that* oder *whose*.
2. ***Who*** bezieht sich auf Personen.
   Which bezieht sich auf Dinge oder Tiere.
   Beispiele: *The girl who won the competition was very happy.*
   The car which I'd like to drive must be really fast.
   She has got a horse which is called San Salvador.
3. Das Relativpronomen ***that*** kann man sowohl für Personen als auch für Dinge und Tiere verwenden.
   Achtung: In nicht notwendigen Relativsätzen ist *that* unüblich!
   Beispiele: *Do you know the man that is talking to Toby?*
   This is the key that opens the back door.
   I've seen a camel that had lost its tail.
4. Das Relativpronomen ***whose*** (dessen, deren) kann bei Personen und Dingen verwendet werden.
   Beispiel: *The young boy whose bike was stolen is very unhappy.*

14 ***Who*** **oder** ***which*****? Trage das richtige Relativpronomen ein.**

a) This is Paula, the cat .... would like to be mouse.

b) These are the people .... tried to catch Paula.

c) This is the hole .... Paula tried to hide in.

d) This is Sally .... rescued (= *rettete*) Paula.

e) And this is the milk .... poor Paula is going to drink now.

15 **Streiche alle nicht erlaubten Relativpronomen der folgenden notwendigen Relativsätze durch.**

a) The girl **which • whose • that** brother is fifteen likes playing tennis.

b) The letter **that • who • which** you sent me is two pages long.

c) She doesn't like the kind of music **that • whose • who • which** was played in the circus.

d) Everybody **who • which • that** knows how to sail a boat come here, please.

16 **Streiche alle nicht erlaubten Relativpronomen der folgenden nicht notwendigen Relativsätze durch.**

a) Our chemistry teacher, **that • which • who** is 35, will help you with the experiment.

b) Mr Bond gave his son a model airplane, **that • whose • which** he had bought in the toy shop.

c) Carol Woytyla, **who • that • which** was a bishop in Poland, became pope.

d) Yesterday I met Sue, **that • which • who** is always nice to talk to.

TIPP

Benötigt ein Relativpronomen eine Präposition, dann wird diese meist nachgestellt.

Beispiele: *Bill is the boy Mr Carlson is proud of.*
This is exactly what I was looking for.

17 **Übersetze mit nachgestellter Präposition.**

a) Dies ist der Junge, vor dem Max Angst hat.

....

b) Wo ist (denn) das Buch, nach dem ich gerade suche?

....

c) Das ist der Mann, auf den jeder stolz ist.

....

REGEL

Contact clauses

1. In manchen Fällen darfst du das Relativpronomen weglassen. Solche Sätze heißen dann *contact clauses*. Relativpronomen können weggelassen werden, wenn sie als **Objekt** in einem **notwendigen** Relativsatz auftreten. Ob ein Relativpronomen ein Objekt ist, erkennst du daran, dass du mit „Wen/Wem oder was?“ nach ihm fragen kannst.
   Beispiele: *This man is the criminal who/that the detective has looked for since 1990.* (..., **den** der Kriminalbeamte seit 1990 gesucht hat.) Das Relativpronomen ist Objekt in einem notwendigen Relativsatz und kann daher weggelassen werden:
   → *This man is the criminal the detective has looked for since 1990.*
2. Achtung: In nicht notwendigen Relativsätzen gibt es keine *contact clauses*, d.h. das Relativpronomen darf nicht weggelassen werden!

18 **Streiche das Relativpronomen in den Sätzen durch, in denen es weggelassen werden kann.**

a) John Pearl is the magician **who** knows how to turn teachers into frogs.
b) The car **which** we rented in Scotland was brandnew.
c) The man **that** she was talking to is the chief executive of MM Toys.
d) The company **which** I work for was founded 10 years ago.
e) Does he know the person **that** wrote a letter of application to him?
f) Look at the dog **which** is sitting on the roof!
g) Have you ever met someone **who** really liked school?
h) Here's the magazine **that** you wanted to read.

19 **Finde die Fehler, markiere sie und schreibe den Text dann richtig ab.**

The girl who's dog is named Homer is twelve. She lives in the house in York Road what is painted blue. Her father, that is an engineer, loves dogs, too. That's why he'd like to have another dog, one of those who usually herd sheep. He is one of the people which love running and these sheepdogs love running as well.

Ready to sketch – Seite zum Fertigmalen

Laaangweiliger Nachmittag? Warten auf den Bus?
Deine Freundin verspätet sich und kommt und kommt nicht?

Vertreib dir die Zeit mit dieser Seite zum Fertigmalen!

Wenn ich damit erstmal anfange, kann ich meistens nicht wieder aufhören ... Und dann ist der Nachmittag plötzlich kein bisschen mehr langweilig, im Bus male ich weiter und wenn meine Freundin endlich da ist, schenke ich ihr mein Kunstwerk.

Hier ist ja nichts los ...
Das kannst du ändern!
Vielleicht mit Sonne, Eis
und Beachparty ...?

To-infinitives – Sätze richtig vereinfachen

REGEL

Der *to*-Infinitiv (*to* + Grundform) ist eine Möglichkeit, Sätze im Englischen zu vereinfachen.
Er kann nach folgenden Wortarten stehen:

- nach **Fragewörtern**:
  She doesn't know where to go. (Sie weiß nicht, wohin sie gehen soll.)
  He asked me how to get to the station. (Er fragte mich, wie er zum Bahnhof komme.)
- nach **Adjektiven**:
  This question is easy to answer. (Diese Frage kann leicht beantwortet werden.)
  It's interesting to get to know more about reptiles. (Es ist interessant, mehr über Reptilien zu erfahren.)
- nach **Nomen**:
  It was a great idea to go to the zoo. (Es war eine großartige Idee, in den Zoo zu gehen.)
  He told her about his decision to go to France. (Er erzählte ihr von seiner Entscheidung, nach Frankreich zu gehen.)

20 Finde die Fehler, markiere sie und schreibe den Text dann richtig ab.

It's a rainy Sunday morning. Mike doesn't know what he shall do. It's too boring if he just sits on the sofa and watches TV. He knows how he can play the piano, but he doesn't like to, because he played it for four hours yesterday. Poor Mike. It's absolutely terrible him to see in such a bad mood.

21 Übersetze die folgenden Sätze. Verwende to-Infinitive.

a) Ich weiß nicht, wie ich dieses Problem lösen soll.

....

....

b) Hat er sie gefragt, wann er mit der Arbeit beginnen soll?

....

....

c) Schön, Sie zu treffen.

....

d) Es war eine große Überraschung, meinen Bruder zu sehen.

....

....

e) Weißt du, wie man diese Datei (= *file*) öffnet?

....

f) Es war schrecklich, das Schiff sinken zu sehen.

....

g) Diese Wand zu streichen, war eine gute Idee.

....

h) Es ist ein hohes Risiko, diesen Berg im Winter zu besteigen.

....

....

i) Frag ihn, wie du ihm helfen kannst.

....

TIPP

Verwende den to-Infinitiv auch nach den Verben want, would like, would love, would prefer.
Beispiel: *Elisa wants to join the judo club, but her father would like to talk to the coach first.*

22 **Vereinfache die folgenden Sätze, indem du *to*-Infinitive verwendest.**

a) She didn't know what she should answer.

b) I asked him where I could go.

c) I was surprised when I saw Aunt Olivia with her oldtimer car.

d) It was rather difficult when I had to solve the problem so quickly.

e) Can you tell me how I can loosen this screw?

f) I told him where he had to go to get a new passport.

MALENTSPANNUNG

MEDITATION AVIE

Zwischendurch mal ein bisschen entspannen und mit den Gedanken spazieren gehen? Ich finde, das funktioniert super mit kleinteiligen Ausmalbildern, die sogar ohne Farbe schon richtig schön aussehen. Ich mach das gern nach einem anstrengenden Schultag, nach einer schweißtreibenden Runde auf dem Trampolin oder einfach so, wenn sich Langeweile in mein Zimmer schleicht.

Meditation mit Malstift sozusagen ...

ABSCHLUSSTEST

1 Kreuze die richtigen Sätze an.

	a) You must stop here.	☐
	b) You needn't stop here.	☐
	c) You have to stop here.	☐
	d) You mustn't go straight on.	☐
	e) You have to turn right.	☐
	f) You must turn right.	☐
	g) You can go straight on.	☐
	h) You can't turn left.	☐
	i) You mustn't turn right.	☐
	j) You mustn't stop here.	☐
	k) You can't stop here.	☐
	l) You have to go on.	☐
	m) You mustn't enter this road.	☐
	n) You don't have to enter this road.	☐
	o) You cannot enter this road.	☐

= erreichte Punktzahl / maximale Punktzahl **9**

2 Setze die richtigen Verbformen ein.

a) If Tim .... (join) our team, we would win the next match.

b) Tina will be able to go shopping with us later if she .... (do) her homework now.

c) If you lose your passport, you .... (have to) go to the police.

d) If she loved me, she .... (tell) me.

e) We would buy a house if we .... (have) 300 000 €.

f) If Mary .... (save) more money, she could go to the concert.

g) If he knew the effects of alcoholism, he .... (not drink) so much.

h) I would help her if she .... (ask) me.

i) If John doesn't improve his English skills, he .... (fail) his exam.

j) If people .... (know) more about this virus, they would be careful.

k) She won't be happy if you .... (tell) her the truth.

l) If I .... (be) a pilot, I would like to fly the Airbus.

m) If I .... (be asked), I would like to be a pilot.

n) Your cat will become aggressive if you .... (grap) her tail.

o) If you .... (not accept) this offer, you would be silly.

maximale Punktzahl **15** / erreichte Punktzahl =

3 Füge ein: *who, who's, whose, what* und die fehlenden Formen von *do*.

I'm a little zebra and I'm new here at the Blackwood Zoo. So I've got many questions to ask: .... will give me my water? .... the owner of this zoo? .... must I do to get enough food? Who .... I have to tell if I feel sick? What .... I do after a heavy thunderstorm*? .... this strange man in the white coat? What .... "vet" mean? .... child is this next to the kiosk? What .... all the animals do at night? .... will tell me bedtime stories? .... tells me where to get my food in the morning? Who .... I have to ask about toys? .... do I have for breakfast? .... tells me about sport activities? .... do I have to ask for new clothes? .... responsible for lessons in how to annoy lions? .... will happen, if I don't go to the zoo school? .... vehicle can I use when I would like to go on a trip outside the zoo? .... gives me information about holiday camps in Africa?

*thunderstrom – Gewitter

= erreichte Punktzahl / maximale Punktzahl **19**

4 Setze, wo nötig, ein passendes Relativpronomen ein.

London is one of the most beautiful cities .... the world has ever seen. London has got many famous museums and tourist attractions .... are known all over the world. The Tower Bridge, ... is the most famous bridge in London, is visited by millions of tourist every year. The history of London, ... is going back to its founding by the Romans, ... called it Londinium, is most interesting. London is a city .... is the world's largest financial centre alongside New York. The Underground, ... is the oldest underground railway network in the world, is the second largest in the world after Shanghai. Greater London, ... covers an area of 1600 square kilometers, has a population of about 7.5 million. The River Thames is a tidal river .... makes London vulnerable to flooding. In 1974 people started a project .... will help to make the city safer – the Thames Barrier. It will hold back water .... might run into London in periods of heavy rainfall.

maximale Punktzahl **11** / erreichte Punktzahl =

5 Trage die fehlenden Wörter ein.

9 o'clock. It's difficult .... so early in the morning. I would prefer .... in bed all day, but it's not .... to explain this idea to my mother. On the other hand, it's just boring .... lie in bed and do nothing. I don't know .... to do now. Perhaps it might be a great .... to go to the zoo this Saturday morning, but I .... how to get there, because the busses aren't running today. They're on strike. It's really terrible .... without a vehicle. My brother's bike is easy .... ride, but he's away on a sports camp this weekend. I would like .... my own bike, but it's difficult to .... one, if you don't have the .... to buy one. I must ask Pete where .... cheap used bikes. Perhaps he .... how to get one. It might be a good plan .... go to the sports club today. I would love my mother .... take me there, but I think she would prefer to .... in her armchair and read a book. Let's see .... I can persuade her .... give me a lift. Oh, it's a nuisance .... spend a boring Saturday's morning if you don't know .... to do!

= erreichte Punktzahl / maximale Punktzahl **21**

Gesamtpunktzahl von max. **75**

Kontrolliere deine Ergebnisse mithilfe der Lösungen (Seite 133 / 134), addiere dann die erreichten Punkte.

☐ 75 bis 60 Punkte: ☐ 59 bis 38 Punkte: ☐ 37 bis 0 Punkte:

LÖSUNGEN

KAPITEL 1: GRUNDLEGENDE FEHLER – LEICHT VERMEIDBAR!

Seite 7

1 a) Can you hear me?
b) Can you help me?
c) I love you.
d) I believe you.
e) You often meet him.
f) Tell him the story.
g) Does he like her?
h) Trust (in) her.
i) They often visit us (see us).
j) They give us money.
k) I need you.
l) He'll soon write you.

2 Hello, **my** name's Percy. I'm one of the magic forest dwarfs. **We** live under the root of an old spruce together with my parents. **They** say **they** can't afford a better place to live, because new apartments in the woods are too expensive. So **their** dream of a bigger house hasn't come true. I don't blame **them** for their economic way of life. **It** simply is **their** money. Curly, my brother, left **us** two months ago to start his apprenticeship as a magician at **his** aunt's 'School for Future Witches and Magic Dwarfs'.

Seite 8

3 a) Can **you** hear **me**, Lucy? – Yes, **I** can, but I can't see **you**.
b) Mike is fourteen, **he**'s not twelve. His sister's twelve and **she**'s as bold as brass.
c) Don't touch **him**, Susan. He's in a bad mood.
d) We don't know how to solve this problem. So can **you** please give **us** some advice.
e) Don't tell **me** lies, my son. I know that **you** always try to find excuses.
f) Come on, give **them** a new chance. They have never disappointed **us**/**you** so far.

Seite 10

4 Rebecca **works** at Sullivan's Media, a CD shop, in her summer holidays for six hours a week. Does she **like** her job? Yesterday her father **asked** her about her customers, but she didn't **answer** his questions. She now just **wants** to relax because her work at Sullivan's is so hard.

5 Tom collect**s** posters. He like**s** pop posters best. Pop posters, he think**s**, are the most wonderful of all posters. Whenever there is a pop concert in his town, he want**s** to get one of the posters fixed to the boards in the streets. Sometimes he ask**s** for a poster at the tourist office and he can usually have one. Very often, his friends, who know that he is interested in pop posters, give him a nice new poster as a birthday present. His father know**s** about his son's hobby, so when his colleagues' children go to a pop event, he always say**s**: "Don't forget to look for posters!"

Seite 11

6 a) Susan never go**es** to school by bus, she walk**s**.
b) My younger sister often cr**ies** when she's alone at home.
c) Max often switch**es** on the lights in his room in the afternoon.
d) Her daughter usually do**es** her homework in the kitchen.
e) He pay**s** a lot for his mobile phone calls every month.
f) Fred attend**s** a language course abroad, so he miss**es** his family.

Seite 12

7
a) Ken might know much more about the secret.
b) Charlotte wants to spend her summer holiday in Scotland.
c) His sister must do her homework in her room.
d) She never goes to church on Sundays.

Seite 13

8
a) Does Sally's brother live in New York City?
b) My father doesn't (will not) invite his friends to his birthday party.
c) Does this wardrobe really fit into my parents' bedroom?

Seite 14

9
He look likes → He **looks like**;
He know much → He **knows** much;
He often gos → He often **goes**;
he buies hundreds → he **buys** hundreds
to gets married → to **get** married;

he don't like → he **doesn't** like;
he can't speaks → he can't **speak**;
he never talk → he never **talks**;
he never pay → he never **pays**;

he doesn't likes → he doesn't **like**; He dream → He **dreams**; he must cries → he must **cry**; He can't sees → He can't **see**; he don't wear → he **doesn't** wear; He musts work → He **must** work; he doesn't goes → he doesn't **go**; He feel sick → He **feels** sick; he never see → he never **sees**; He often rushs → He often **rushes**; but his never late → but **he's** never late; He can't carries → He can't **carry**; he doesn't wants → he doesn't **want**; He don't smile → He **doesn't** smile; he tell us → he **tells** us;
He doesn't talks → He doesn't **talk**; he never finish → he never **finishes**; Everyone know → Everyone **knows**

Seite 16

10
a) She saw him in Brooklyn last Wednesday.
b) Sue heard a strange noise on the playground yesterday.
c) David did not answer that question that day.
d) Did you take many pictures at your party last week?

Seite 17

11
a) Did you really give me the money yesterday?
b) I sent the book back to him, but he never got it.
c) Mr Benson teaches me Latin.
d) Have you written him a lot of letters?/Did you write ...?
e) May/Can I tell you a joke?

Seite 18

12
a) Tom **never** writes letters.
b) My mum **sometimes** takes the bus to Soho.
c) She's **often** seen a ghost in her room.
d) My aunt has **always** been a gossip girl.

13 Steven **never walks to school in winter**. When it's too cold, he **always takes** the bus into town. Then he arrives **at school at 8.15**. But this morning he must **be there early**, because his friend Tom wants to **meet him in front of the gym at 8.00** to discuss a big problem – how to learn maths within two days to **pass their test on Friday**.

Seite 20

14 a) Are there many German immigrants in Australia?
b) Is there much money on your bank account, Lily?
c) My God, there's so much rain in Scotland.
d) There are twenty pupils (sitting) in the bus.

Seite 21

15 a) There's a monkey in the tree.
b) There are three fish in the aquarium.
c) There are two tigers in the cage.
d) There's a giraffe behind the kiosk.
e) There are two zebras on the grass.
f) There's a dolphin in the pool.

Seite 22

16 a) This bike here came from the right.
b) That green car over there didn't stop.
c) Those two joggers over there couldn't see the accident.
d) These wheel traces here are of another car.
e) This woman here saw everything.

17 Portsmouth is a nice place to spend a couple of days in summer. **There are** many old ships there. You can have a guided tour on the HMS Victory, a three-mast sailing ship. **This** ship once was Britain's pride. **There are** a lot of old buildings in the harbour quarter and **there are** many shops to buy souvenirs. **This** town is really magnificent both for tourists and inhabitants.

Seite 23

18 Listen. Of course, I'm my **father's** son. His two **sisters'** daughters are Anne and Susan. They're not my **parents'** kids but my **aunts'** children. So, they're my nieces. **The friends of my** nieces often play tennis with me. One of them is called Dennis. **Dennis'** strong point in tennis is his terrible forehand.

Seite 24

19 richtig: b), d), e), f), h), j)
falsch: a) (her uncle's wife), c) (my sister's suitcases), g) (Donald Duck's nephews), i) (Lydia's dream), k) (the name of this street)

20 a) my brother's book
b) the title of this story
c) the Miller family's problem
d) the children's questions
e) the trees in the Clarks' garden
f) Fred's secret/mystery
g) these people's bikes
h) the colour of this flower

Seite 25

21 a) I like **my nephew's two dogs**.
b) Our **parents' new house** is quite big.
c) I know **the title of this book**.
d) These **people's clothes are** wet.

22 a) The **Irvings'** • ~~Irving's~~ • ~~Irvings~~ model railway was rather expensive.
b) I don't like the colours in ~~Cathys~~ • ~~Cathies~~ • **Cathy's** new room.
c) The ~~Cavendishs~~ • ~~Cavendish's~~ • **Cavendishes'** garage is painted blue.
d) ~~Dennis~~ • **Dennis's** kindergarten class is called 'The Rugby Fighters'.

Seite 26

23 Once there was **a** house with many mice in it. **The** old cat that also lived in the house caught **the mice** one by one and ate them. The mice were so afraid that they decided to hide in their holes and ask **a** unicorn **for help**. "That's too bad. I must get them out by **a** trick", said the cat to herself. She climbed up **a** wall and let herself hang down. So **the** cat pretended to be dead. **The** mice saw the cat hanging there. ...

Seite 27

24 a) **an** expensive pencil
b) **the** wonderful beaches
c) **a** fantastic view
d) **an** old bear
e) **the** best hotel

25 I'm packing my bags, because I'm going to fly to Venice soon. In my big suitcase I've got **a** green shirt, **an** extra pair of shoes, **a** woolen coat, **--** orange braces, **a** pair of brown trousers, **an** old-fashioned hat, **--** grey slippers and **an** old teddy bear.

26 a) **a** universal truth
b) **an** olive scarf
c) **a** United Airlines flight
d) **an** audiovisual show
e) **an** Indian meal
f) **a** university
g) **an** angry man
h) **an** idea

Seite 28

27 a) Silence is golden
b) The silence of the hammers
c) The life of (the) heart
d) Face life!
e) Love can heal
f) The love of his life

Seite 30

28 a) She **has** terrible problems.
b) You **have got** ten minutes (time).
c) The Millers **have** three cars.
d) Pete **has got** two sisters.

Seite 31

29 a) She**'s got** two bikes and brandnew rollerskates.
b) My mother**'s got** three sisters.
c) They**'ve got** so many books in their living-room.
d) I**'ve got** a big, big problem.
e) We**'ve got** a lot of uncles and aunts.

30 a) **Doesn't** he **have** two sisters? – Yes, he **does**.
b) The Prestons **haven't got** a new garage.
c) **Didn't** you **have** any answer to this question?
d) I **don't have** any idea.
e) I **haven't got** any idea.
f) **Do** they **have** a new car? – Yes, they **do**.
g) **Have** you **got** a pencil? – Yes, I **have**.
h) She **has got** two horses.

31 My friend Anatomus is an alien from a planet in the Andromeda system. He **hasn't got** two but three eyes. He **has** (oder: **has got**) four tentacles and green skin. He **doesn't have** any legs. He**'s got** two big wheels to move on and he**'s got** red long hair. Has he **got** a nose? No, he's got two of them! Does he have a face? Of course, **he's** got the most wonderful face in the universe and the best smile!

Seite 33

32 Dear Olivia,
How **are you**? Imagine, I **got** my new notebook yesterday. I waited all day, and finally, late in the afternoon, my father handed me over a **letter** from the headmaster of our school. It said that I had been **well-behaved** in class, so there wasn't any **reason** for having an extra lesson every week. My father congratulated on this good news saying: "I haven't got a new **mobile/ cell phone** for you, but this notebook here will be yours, because I'm very happy you improved at school." So my father's really got a better **opinion** of me.

33 a) Tim is a **well-behaved** child, he never drinks his sister's **coffee**.
b) I think we should paint the bedroom yellow. What's your **opinion**?
c) My skin is very **sensitive**.
d) We thought our dog had swallowed some **poison**. He was very **quiet**.
e) This strawberry **jam** is great!
f) She is a very sensitive and **quiet** person.
g) My father's **advice** is often handy.

34 a) A brave, but sensitive rat wanted to spend the holidays in a quiet café.
b) A well-behaved boy wrote a letter about a noodle recipe.

ABSCHLUSSTEST

Seite 36

1 1. Mary, why don't **you** want to come to **my** birthday party? All my friends except you will be there.
2. You must call **me** this afternoon. I need some advice.
3. Have **you** seen my new bike, Gilbert? Isn't **it** wonderful?
4. Why doesn't your sister like me, Daisy? I like **her**.
5. One day, when Oliver and **his** friends came home, they saw **her**, a beauty, a princess!
6. Thomas A. Edison was born in **his** grandfather's house in 1847.
7. You must see the Millers, Hannah. Please meet **them** at Trafalgar Square.
8. I don't like those people. **They** don't really see my problem.
9. **You**'re really kind, Mr Benson. But can you help **me** one more time?
10. Ssh – the kids are sleeping. **They** had a hard day.
11. Why don't **you** call the police, Victor? They can help **you**.
12. Excuse me, can you please show **me** the way to the station?
13. Go to Marta's father. He is a dentist. And **he**'s a good one.
14. I know, **you** don't believe me, Jo. But **I**'m telling the truth.

Seite 37

2 **Pete's big problem**
Once a year in summer Pete **must travel** to his aunt in New York City. He **loves** America, but he **doesn't like** going on a plane. Although so many planes **fly** across the Atlantic Ocean every day, he **doesn't understand** why only few people **are afraid of** flying. When asked for the reason for this, he **can't** give a good answer. He often **goes** to the airport and **watches** the jets, but he **hates** the idea of being on one of them. **Does** he **know** how safe flying on a plane really is? At least it **seems** to be safer than going by car. His uncle, who **works** as a pilot, always **says**: "The most dangerous part of an air travel is the lift to the airport in a taxi!" He **likes** giving this statement.

Seite 38

3
1. I would like to ask you a question, Dad.
2. Alan, I met your girlfriend in Bath last week.
3. Do you really play tennis in Greenwich every day, Isabella?
4. I often stay in school in the afternoons.
5. Could you please bring me a cup of tea, Sir?
6. I don't like the fog in San Francisco.
7. How many books have you given to your brother at Christmas, Priscilla?
8. Tell me the truth, Pete.

Seite 39

4 Good morning, **this** is Julia Sullivan reporting from **this** year's tennis cup final in Southampton. **There are** already hundreds of spectators sitting on **those** upper seats over **there** opposite to me. They are waiting for the players to come and start **this** important match. **There isn't** much time left, so the match will start in a couple of minutes. **There's** a strange murmur in the stadium because you can see **those** dark, grey clouds approaching from the west. Will **this** match be started, or must all people find shelter from the rain in one of **those** shelter huts over **there**?
Oh, my God, what's **this**? **There's** a first thunderbolt! Look, all **those** people over there are running down to the entrance gates. They don't want to be struck by lightning, they want to leave **this** terrible scene! And it's becoming foggy. I can see **this** monitor in front of me, but I can't see **those** people in the next row not far away. What a disaster! And right now it starts raining. I don't like **this** weather. **There are** so many people, and they all want to go home now. **There's** nowhere to stay because all **these** people are nervously pacing around.

Seite 40

5 Hi, Steven,
You want to know something about **my brother's stay** in New York City? Here you are. **The name of the school** is Southpark High. Some months ago **my parents' plan** was to fly over to New York to see if everything's alright. I'm sure they wanted to see **the home of the host family/the host family's home** and **the surroundings of this interesting city**. In a letter, however, my brother wrote about **his friends' plans** of taking him along on a trip to Chicago. To be honest, I think it was **my brother's idea** to keep my parents away with this letter. He doesn't want to have them with him in New York because he's got a girlfriend there, called Paris. **Paris's parents** live in **the most expensive borough of New York**. **Her relatives' homes** are in **the heart of Manhattan**. I must end now, because I have to go to the **doctor's**. I sprained **the ankle of my left foot** in a basketball match yesterday.

Seite 41

6 a) After **--** dinner, he went down to **a (wenn mehrere in der Straße vorhanden), the (wenn nur eine vorhanden)** discotheque in **--** Boston Road, where he met **a** beautiful girl – **the** very love of his life. **--** Life was back!
b) Oh, good heavens, are you really **the** man I got married to in **the** Alps in **--** December?
c) **An/The** old lady told her she saw her play **the** violin years ago on **--** TV.
d) I like **--** literature in general, but I don't like **the** literature of the 90s.
e) **The** orange/**--** Orange shirts hung on **an** old rotten line in **--** Bond Street.
f) "I was always late for **--** lunch at **--** school," he said on **the** radio.
g) **The** Pacific Ocean is **the** biggest of all oceans.
h) **A** United Nations commission decided on the problem of poverty in **--** Africa.
i) **--** Money is not too important in **--** life!
j) Are you really telling me that **the** money I gave you on **--** Monday is gone?

Seite 42

7 a) **Has** Lynn got a nice room? – No, she **hasn't**. It's far too small.
b) **Do** your parents **have** trouble with your younger sister? – Yes, they do. My sister **has** got a lot of problems at the moment.
c) Sue: I really **don't have** too much time, so hurry up, please.
Ann: **Have** you got more time tomorrow? Sue: I'm afraid, I **haven't**.
d) She **doesn't have/hasn't got** a brother, but she **has ('s)** got two more sisters.
e) Have you **got** some tools? – Tools? – Yes, I mean, **do** you have a hammer, a screwdriver and a knife? – Yes, I **do**.
f) **Has** Mary got a headache? – No, she **hasn't**.
g) My uncle **has got** a big family. **Does** he have twins? – No, he **doesn't**. He's **got** three girls, two boys and four dogs.
h) Does Sue **have** her exercise-books at home? – Yes, she **does**.
i) My aunt's **got** blue earrings.
j) I **don**'t **have**/**haven**'t **got** much pocket money a week. How much **do** you have?
k) Hey, **do** you have my pen? – No, I **don't**. I've **got** my own.
l) He **has** never **got** much time. He's always hurrying.

Seite 43

8 a) Dr Hudson gave me a **prescription** against my terrible headache. He was of the **opinion** that I have caught a heavy cold.
b) This **recipe** is from my grandma.
c) He has bought nice **gifts** for all his family.
d) What would you like for breakfast? – I would like to have a cup of **coffee**, bread and butter and some orange **marmalade**.
e) Oh, the battery's run down. Can I please use your **mobile/cell phone** to call my mum? – Yes, you can, but you're **still** on time to get home.
f) Did you **get** a new skateboard? – Yes, I did. My father gave me a blue one some days before he **became** the headmaster of Lincoln School.
g) May I give you some **advice**? Take an umbrella. It's going to rain.
h) Excuse me, the **reason** why I am late is: I couldn't find my **mobile/cell phone**.

KAPITEL 2: FEHLERQUELLEN RUND UMS NOMEN

Seite 44/45

1 four trees; two cars; three tables; three eggs; two pianos; five bottles

2 a) I know all the **countries** in the world.
b) He ate half a kilo of **cherries**.
c) Are the **kids** still at school?
d) She must prepare for the test within five **days**.
e) My two **bosses** are on holiday at the moment.
f) Our house has got twelve **windows**.
g) This is one of the most beautiful **bays** in England.
h) Do you know these red **berries** over there?
i) There are so many **rivers** in Scotland.
j) Oh, look at these beautiful **watches**.

Seite 46

3 On this photo I can see three **geese**, five **women**, two **children**, four **shelves**, a **sheep**, six **men**, nine **oxen**, eight **knives**, two **mice**, ten **teeth**, three **calves** and two **feet**.

Seite 47

4 a) I'm sorry, there isn't **any** coffee left. You must take **some** tea.
b) He had **some** quick answers, but they didn't make **any** sense.
c) Teacher: Are there **any** questions? No? Then let's do **some** work.
d) Sophie hasn't got **any** money left.

Seite 48

5 a) There's **no** excuse for this behaviour.
b) There **isn't any** excuse for this behaviour.
c) Can I have **some** cheese?
d) Is there **any** cheese?
e) I know **some** of the boys from Boston.
f) I don't know **any** of the boys from Boston.
g) Would you like to have **some** jam?
h) I've **no** idea.
i) I haven't got **any** idea. Oder: I don't have **any** idea.

6 viel Spaß: **much** fun
viel Geld: **much** money
viele Wörter: **many** words
viel Sand: **much** sand
viele Menschen: **many** people
viele Tiere: **many** animals
viel Liebe: **much** love;
viele Lineale: **many** rulers

Seite 49

7 four oranges, two bottles of milk, a (one) kilo of butter, two bars of chocolate, one litre of apple juice, four packs of rice

8 Lemon and potato cake
Heat 225 grams **of** butter in a cake tin. Cream the butter and **half a kilo of** sugar in a bowl. Whisk in **some** potatoes. Crack in some eggs. Don't use too **many** of them. Mix **half a kilo of** flour with one teaspoon **of** baking powder and put it in the bowl with the sugar. **Any** further instructions cannot be given because I don't know how to finish the cake. Better ask **some** of your friends.

ABSCHLUSSTEST

Seite 50

1 a) I got ten ~~kisss~~ on my cheek from my little cousin Edward.
b) Mr Spearmint, the dentist, said: "Your ~~toothes~~ are okay."
c) Look, the ~~lorrys~~ are being loaded with tons of sand.
d) Last night I dreamt of three ~~mens~~ and two ~~womens~~. They had really big ~~foots~~. They were talking to their four ~~childs~~ and playing with six ~~gooses~~ and two sheep.
e) He doesn't want to watch the finals on TV. He likes being in the stadium to see the ~~matchs~~ live.
f) The ~~boies~~ and girls were quietly sitting on their ~~chaires~~.
g) She knows the capitals of most ~~countrys~~.
h) Please put the books on the ~~shelfs~~.
i) On his voyage Paul sailed into four different ~~baies~~.
j) Four ~~eys~~ can see more than only two.
k) Don't forget to brush your ~~teeths~~.
l) Our ~~childs'~~ new dog is called Alexander the Great.
m) So many ~~peoples~~ have died in the plane crash.

kisses
teeth
lorries
men; women
feet; children
geese

matches
boys; chairs
countries
shelves
bays
eyes
teeth
children's
people

Seite 51

2 a) Don't eat ~~too many~~ • much • ~~any~~ chocolate.
b) Have you got ~~much~~ • any • ~~no~~ idea how to translate this sentence?
c) A lot of • ~~Any~~ • ~~Much~~ people think ice-hockey is a brutal sport.
d) ~~How much~~ • ~~any~~ • many • ~~a lot of~~ roads must a man walk down ...
e) I'd like to have a cup ~~—~~ • of • ~~some~~ tea, please.
f) There's ~~much~~ • ~~any~~ • no way out!
g) Can I have some • ~~any~~ mustard, please?
h) This really doesn't make ~~many~~ • ~~a lot of~~ • ~~no~~ • any sense.
i) Steven hasn't got a lot of • ~~much~~ • ~~no~~ • ~~any~~ pets. He's only got a rabbit.
j) There's too ~~many~~ • ~~any~~ • ~~a lot of~~ • much water in the pot.
k) In my pencil-case I've got many • ~~much~~ pencils and ~~much~~ • some rulers.
l) I don't understand. Can you please give me ~~a lot of~~ • some • ~~no~~ advice?
m) ~~Any~~ • ~~No~~ • Some dogs are really aggressive.
n) A sportscar is ~~any~~ • ~~no~~ • ~~a lot of~~ • much faster than a limousine.
o) Pooh, there isn't ~~many~~ • ~~no~~ • any salt in this soup. How awful!
p) I've been to ~~much~~ • ~~no~~ • many countries in Europe, but the country I like very ~~many~~ • ~~any~~ • ~~some~~ • much is Switzerland.
q) Can't you see that there is too ~~many~~ • ~~some~~ • much milk in the cup?

KAPITEL 3: ZEITFORMEN (TENSES) RICHTIG GEBRAUCHEN

Seite 53

1
a) Paula **goes** to church on Sundays twice a month.
b) Don' forget your raincoat. It **rains** a lot on the British Isles.
c) Most people **know/think** that having a big car is too expensive.
d) Most cats don't **like** dogs.

2
a) Five times eight is 40. / Five multiplied by eight is 40.
b) The sun goes down/sets in the west.
c) If you heat ice, it melts.
d) Plants produce oxygen.
e) Children need love.

Seite 55

3
a) She **is buying** some coffee at the supermarket.
b) They **are spending** their holidays without us this week.
c) **Are** you **sleeping**?

4
a) Oh no, look, this young boy is **having** a beer!
b) The film was good. All the people are **clapping** their hands.
c) Shh, can you hear this? My brother is **snoring**.
d) Oh no! She's really **sitting** next to her English teacher.

Seite 56

5
a) The sun is shining, so it isn't raining.
b) Four children are standing in front of the school entrance door.
c) Three boys are building a snowman.
d) A boy is holding three snowballs.
e) Two boys are fighting on the ground.
f) Mrs. Johnson, the math teacher is running towards the girl.
g) The school bell is ringing.
h) Mavie is climbing (on) a tree.

Seite 59

6

a) played	b) answered	c) laughed	d) turned	e) talked
f) needed	g) waited	h) shouted	i) liked	j) helped
k) cried	l) came	m) drove	n) found	o) had
p) made	q) ran	r) shut	s) slept	t) stood
u) thought	v) wore			

7
a) I **had** a headache.
b) She **was** twelve.
c) They **spoke** Spanish.
d) Freddy **knew** her.
e) We **liked** baseball.
f) She **had** breakfast early.
g) It **rained**.
h) They **laughed** a lot.

Seite 60

8
a) The two girls **didn't reach** the exit.
b) The old lady **wasn't** excited.
c) She **didn't have** a wonderful view of London.
d) They **didn't drink** much.

9 a) **Did** the two girls **reach** the exit?
b) **Was** the old lady excited?
c) **Did** she **have** a wonderful view of London?
d) **Did** they **drink** much?

Seite 61

10 A telephone call
Fred Thomson **was** having a shower when the phone **rang**. He couldn't reach it. That was why he **stood** up and grabbed his towel. While he **was stepping** out of the tub he **slipped** on a piece of soap that was lying on the floor. When he **was reaching** the phone the ringing **stopped**.

Seite 62

11 a) The old man **was having** a beer, when suddenly a dog **started** to bark.
b) First, I **finished** my homework, then I **went** out.
c) When I **woke up** in the night, I **heard** that my brother **was snoring**.
d) She **was writing** a letter when there **was** a knock on the door.
e) Mavie **was tidying up** her room, when suddenly there **was** a scream.
f) When they **went** to bed last night, the birds **weren't singing**.

Seite 64

12

	simple past	present perfect
I • live • here	I lived here.	I have lived here.
it • rain	It rained.	It has rained.
she • see • me	She saw me.	She has seen me.
he • know • her	He knew her.	He has known her.
we • be • there	We were there.	We have been there.
you • have • tea	You had tea.	You have had tea.

Seite 65/66

13 a) She **has been** to New York very often. So she **has seen** the Statue of Liberty many times in her life.
b) Our teacher **has shown** us many films about US national parks this year. Unfortunately, I **didn't see/haven't seen** all of them because I was ill for some weeks.
c) Where **have you been**, Tom?
d) What **have you done**, Susan?
e) **Has** she **read** the book?
f) Sarah can't come. She **has broken** her leg.
g) Look! John **has given** me his smartphone.

Seite 66

14 Mary **has waited** for Tom **for** three hours. She **hasn't seen** him **for** years, so she's extremely excited. **Since** 2008, when they **met** for the first time in Rome, they **haven't had** any contact. Oh, there he **is**! Look at him, he **hasn't changed**. He looks like the young boy Mary **has been** in love with from the first moment they **saw** each other.

15 a) Much has changed since I lived here as a boy.
b) She has been unemployed for two years.
c) Since 2005 my father has been a member of the volleyball club. Two years ago he became president.
d) Our house has become quiet since he travelled to Boston last month.
e) Look, it has rained.
f) Who has drunk my coffee?
g) Tom wrote a letter to Mary last Tuesday, but she hasn't got it.
h) In my childhood I often saw big animals in the zoo. But I have never seen a bear as big as this one.
i) Who has done it?

Seite 67

16 **Have you ever been** to Scotland? I **spent** a wonderful summer holiday last year in the Scottish Highlands. The weather there **was** a bit rainy, but every now and then we saw the sun coming out. The Scottish mountains and valleys were just great. We **did** a lot of hiking and mountain climbing. When one day we came out of a pub our car was gone.
My father **said** "Oh my God, somebody **has stolen** our car." We were wrong, however. We just **left** the pub through the back door.

Seite 68

17 Emma has **been** to Switzerland for several times in her life, that's why she **knew** how to behave when suddenly some cows **were** running after you. On that sunny day last Tuesday she first **wanted** to stand still and be quiet. But when one of the cows **came** closer to her, she **became** frightened and started running. But in the end she **blew** the whistle she was carrying with her, and the cow **turned** round and **ran** off.

Seite 69

18

Infinitiv	*past-tense*-Form	Perfekt-Form	deutsch
tell	told	told	sagen, erzählen
run	ran	run	rennen
steal	stole	stolen	stehlen
make	made	made	machen
get	got	got	erhalten, bekommen
catch	caught	caught	fangen
swim	swam	swum	schwimmen
fight	fought	fought	kämpfen
know	knew	known	wissen, kennen
bring	brought	brought	bringen
read	read	read	lesen
teach	taught	taught	unterrichten
write	wrote	written	schreiben
take	took	taken	nehmen
keep	kept	kept	behalten, aufheben
drive	drove	driven	fahren

Seite 70

19 a) Lara **went** to New Zealand two weeks ago.
b) Have you ever **eaten** a plumcake?
c) Last month Pete **met** his mother in Los Angeles.
d) She hasn't **bought** a new scarf so far. She still uses her old one.
e) No, I didn't **lose** my MP3-Player on Wednesday. I have never **lost** anything in my life.
f) You can easily translate this German movie title into English. „Die vergessene Welt" in English is "The **Forgotten** World".
g) She **caught** the ball with one hand.
h) Yesterday I **swam** in the lake.
i) When he **saw** that the police were coming in his direction he quickly **ran** away.
j) While she was working as an au pair in Washington she **kept** in touch with her family via Skype.

Seite 71

20 a) Take an umbrella. It**'s going to rain**.
b) The plane is rolling to the runway. It**'s going to take off**.
c) She's bought a ticket at the counter. She**'s going to take** the bus to Memphis.

Seite 72

21 a) Is he going to have driving lessons?
b) Is she going to have a baby next month?
c) Are you going to pack your suitcase?
d) Are they going to leave the country in an hour?
e) Am I going to get my hair cut?

Seite 72

22 a) She thinks (that) her host mother will be strict.
b) Maybe she won't like her room.
c) She will probably have problems with the language.
d) She's sure that she will like the children.
e) Perhaps she will hate the American food.

Seite 73

23 Amy **will** be thirteen next Thursday. She **is going to** invite all her friends, so she has already made plans and prepared invitation cards. There **will** be good music, and, as every year, her neighbours **will** complain. Amy thinks they **will** talk to her parents after the party. That's why Amy will invite them.

ABSCHLUSSTEST

Seite 75

1 Every Monday evening Joe **tries** to improve his judo skills in the gym. He **loves** this kind of sport because he **thinks** it really supports his discipline and his fitness. He usually **starts** his training with fifty sit-ups. Today, however, things are different. Right now he **is sitting** in the changing room, because he can't concentrate. He **is dreaming** about this wonderful young girl. He often **dreams** about girls, although he never **addresses** them at school. But this very moment he **is floating** on cloud nine, because his heart **is beating** fast and a warm feeling **is running** through his body. Normally he never **loses** control. This evening, however, his head **is** like a beehouse. Angels **are singing** wonderful, spheric songs, and magical odours **are passing** by his nose, although he rarely **cares** about perfumes. But what on earth is this? Two strong hands **are shaking** his shoulder, and a loud voice **is hammering** into his ears. "Hey, **are** you **sleeping**? Wake up! It's time to get to the gym."

Seite 76

2 After the summer holidays Mr Roman, the English teacher, **asked** the pupils to write a short summary on their holiday activities. Sue **wrote**: "In the first week my brother and I **took part** in a summer camp in Wales. On the first day we **went** to a small village and **visited** a Roman theatre. The next day we **were going** by bus to a nice lake when we suddenly **heard** a strange noise. The bus **stopped** and the bus driver **told** us that he couldn't go on with us. So we **had** to walk the rest of the distance to our camp. The next day we **tried** to cross a river on a raft. While we **were paddling**, Tom **fell** into the water. We **tore** him out of the water while he **was crying** all the time. On our last day we **were trailing down** a lonesome path, when we **saw** Bill, one of the boys, sitting in a tree. A barking dog **stood/was standing** under it. First it **pulled** open the boy's rucksack and then it **ate** his lunch."

Seite 77

3 a) Grace ~~**has won**~~ • **won** the song contest last year.
b) How many mails **have you written** • ~~**did you write**~~ to him so far?
c) **Has he read** • ~~**Did he read**~~ the new Twilight novel?
d) When ~~**have you eaten**~~ • **did you eat** sushi for the first time?
e) Since I first ~~**have met**~~ • **met** her, I **haven't slept** • ~~**didn't sleep**~~ a lot.
f) For so many years people **have fought** • ~~**fought**~~ against each other in this African country. But so far politicians **have not been** • ~~**were**~~ successful in making peace.
g) Where's Jane? – I don't know. She **hasn't arrived** • ~~**didn't arrive**~~ yet.
h) Bill ~~**has gone**~~ • **went** to the pop concert last night. I **haven't seen** • ~~**didn't see**~~ him since then. He **has often been** • ~~**was often**~~ out at night till morning.
i) We ~~**have bought**~~ • **bought** our car in 2008, but since then our neighbours **have bought** • ~~**bought**~~ three cars.
j) **Has he told** • ~~**Did he tell**~~ you about my secret? Really? When ~~**has he done**~~ • **did he do** this?
k) Son, tell me. How often **have you had** • ~~**did you have**~~ a beer so far?
l) I'm really exhausted. My mother **has talked** • ~~**talked**~~ to me for hours.

Seite 78

4 a) Although she was very exhausted after the concert, the pop star **gave** an interview and **answered** all the questions.
b) Did they really **sell** their house last year?
c) Picasso **made** this painting shortly before he died.
d) Has your team ever **beaten** our team?

e) Where's my pencil-case? Somebody has **stolen** it!
f) He doesn't **teach** Latin, but he has **taught** Maths for years, and he has **been** quite a good teacher.
g) My aunt always **knows/knew** how to tell a good joke.
h) I've **waited** for you since 9 o'clock. Where have you **been**?
i) **Tell** me what she **said** yesterday.
j) We didn't **know** much about the Italian language, so we **fetched** a German-Italian dictionary.
k) He **was** 16 when he **met** her for the first time.

Seite 79

5 a) I think the team **will** win next Saturday.
b) Oh, I've dropped the matches. – No problem, I **will** get you new ones.
c) She's pregnant. She **will** have her baby in April.
d) The sun **will** set at 6.30 tomorrow. But we **are not going to** watch the sunset, because the weather forecast is horrible.
e) Pete is worried about his English test. **Will** he succeed?
f) Watch out, this firecracker **is going to** explode!
g) My grandpa **will** be 70 next week. That's why we **are going to** have a big family party on Sunday. What **will** the weather be like? 'High Edmund' is approaching from the Atlantic. There **will** be sunshine.
h) Next Monday **will** be May 1st. So there **will** be a holiday.
i) **Are you going to** spend your next holiday in Ireland?
j) What would you like to have for dinner? – I think I **will** take a soup first.
k) She's sure that her brother **will** be back soon.

KAPITEL 4: FEHLERQUELLE ADJEKTIV UND ADVERB

Seite 80

1 a) P b) S c) K d) K e) S f) K g) S h) P i) K j) K

Seite 81

2

Positiv	Komparativ	Superlativ
short	shorter	**shortest**
industrious (fleißig)	**more industrious**	**most industrious**
curly	**curlier**	curliest
interesting	**more interesting**	most interesting
noisy	noisier	**noisiest**
noble	**nobler**	noblest
hip	**hipper**	**hippest**

3 a) This is the **most expensive** newspaper.
b) Are you **as old as** my brother, Ella?
c) You are the **dullest/most stupid** boy on earth.

Seite 82

4 a) Jan **often** works until late at night.
b) She has **never** been in Paris.
c) We **sometimes** go to the zoo late in the afternoon.
d) He's **always** excited before tests.
e) They **regularly** help their father in the garden.

Seite 83

5 horrible → **horribly**
extreme → **extremely**
friendly → **in a friendly way/manner**
quiet → **quietly**
silly → **in a silly way/manner**
mad → **madly**
easy → **easily**
good → **well**

6 Last Tuesday Jimmy had his **first/~~firstly~~** French test at school.
When he entered his classroom he was **calm/~~calmly~~**.
But when he got his paper, he started to laugh **~~furious~~/furiously**.
His teacher said: "You have to be **~~absolute~~/absolutely quiet/~~quietly~~**, Jimmy!
Listen, all the others are working **~~quiet~~/quietly**. They can't concentrate **~~proper~~/properly**."
But Jimmy couldn't stop laughing, so he left the room **~~quick~~/quickly**.

Seite 84

7 a) My cat Tabby was **hungrily** eating her food.
b) Leon, the lion, was **lazily** sitting on the sofa.
c) Maxwell, my chameleon, was **patiently** looking at me.
d) Homer, the bulldog, was **hastily** running into the kitchen.
e) Cleopatra, the spider was **happily** watching 'Spiderman' in the living-room until midnight.
f) Ramses, the dromedary, was **nervously** waiting in the bathroom.

Seite 85

8 a) Mary was reading the newspaper in the dining-room until late in the morning.
b) When she came into the chapel she saw a statue in the centre of a pool.
c) At midnight something dark came through the garden gate.
Oder: Something dark came through the garden gate at midnight.
d) He often met his friend in the churchyard at 10 o'clock on Sundays.
e) Mary-Lou slowly drove home from the snackbar last Monday.

9 a) Every summer many people travel to the coasts in Great Britain.
b) They often visit the wonderful old churches in the villages in the east.
c) They sometimes (Sometimes they) go shopping in the shops in the main street until late in the evening.
d) There you can always find many souvenirs on the shelves.

10 Cathy is spending her summer holiday **in Wales**. She arrived **yesterday at the station**, where Uncle Sam picked her **up**. She has **never** been to Wales, so she **asks** Uncle Sam to show her nice beaches **in the west**. Uncle Sam **patiently** tells her about Welsh history, but Cathy is too tired to listen to him **carefully**.

ABSCHLUSSTEST

Seite 86

1 My house is **bigger than** my neighbour's. I'm sure my house is the **biggest** building in our street. Although my sports car is **not as fast as** John's, it is the **fastest** car I've ever had. To be honest, it's even **more expensive than** a Ferrarri. I'm really not a **stupid** blowhard, but the **worst** thing you can do is give people the idea that they are **better** than you. That's why I always wear the **coolest** clothes I can get. Sometimes I also love **good** fast food, but what I think is the **greatest** feeling, is going out for **fine** dinners in the **most famous** restaurant in town. I'm a bit **shy** sometimes, although I have paid a lot of money to my psychiatrist, who, by the way, is one of the **best** in our country. In my **last** session with him, I asked him why I haven't found a nice girl so far. He just said: "Tom, you are the **nicest** man on earth!"

Seite 87

2 a) I haven't been **in Britain** for ages.
b) He **quickly** answered the question.
c) He answered the question **angrily**.
d) They're **often** late for work.
e) Tom really behaves **stupidly** at the moment.
f) My father **sometimes** likes going for a walk.
g) Have you **ever** been to London?
h) She's got twenty cats **in her house** in Brighton.
i) Mrs Thomson often cleans **all the windows**.
j) They cared about his little dog **in a lovely way**.

KAPITEL 5: SATZKONSTRUKTIONEN: SYSTEMATISCH RICHTIG!

Seite 88

1 a) Don't write into your book!
b) Take your finger out of your mouth!
c) Open the window!
d) Don't get on my nerves!
e) Don't stand around, work!

Seite 89

2 You can have this novel and you can read the first twenty pages today. You needn't pay (anything) for it. But you must put the book on the shelf in the evening.

Seite 90

3 a) My sister **can't** swim. She has never been taught how to swim.
b) **Can** you help me, please? I **can't** finish this puzzle without you.
c) **Must** I really lay the table? – No, you needn't.
d) Pupils **mustn't** be in their classroom during breaks.
e) You **needn't** tell me, I already know the story.
f) Oh, it's late, I **have to** go home now.
g) You **don't have to** help me. I will get along without you.

4 Hey, **Son**, **tidy** up your room! Don't **sit** around! You **must** show me that you are a big boy. You **needn't** clean your room every day, but you **must** follow my instructions. I **can't** understand why you are so lazy. So, come on, **don't** lie around!

Seite 91/92

5 a) If you **don't do** this exercise, you **won't pass** the test.
b) You **won't be** hungry this evening if you **eat** so much chocolate.
c) If you **don't stop** phoning, I **will tear** the plug.
d) If you **are** that nervous in the test, you **will make** a lot of mistakes.
e) You **will miss** the film if you **don't hurry**.

Seite 92

6 Hier sind verschiedene Lösungen möglich. Wichtig ist, dass du die richtigen Zeitformen verwendet hast.
a) If they travel to Paris in summer, **they will see the Eiffel Tower**.
b) She will be very angry if **he doesn't tell her the secret**.
c) If he doesn't get an answer, **he will become impatient**.
d) Mr Miller won't buy the car if **the seller doesn't reduce its price**.
e) If Mavie found a treasure box in the attic, **she would certainly open it**.

Seite 93

7 a) If you **told** me the secret, I **wouldn't tell** anybody.
b) I **would find** the treasure if you **gave** me the map.
c) If I **found** the gold, I **would give** you half of it.
d) If I **had** my gold, I **wouldn't get** on your nerves any longer.
e) I **would buy** a new play station if I **got** much money for my gold.
f) I **wouldn't go** to school any longer if I **was/were** rich.

Seite 94

8 a) **Who** did you see at the corner shortly after the accident?
b) **Whose** car came from the right?
c) **Who's** the driver of the black car?
d) **Who** has called the police?
e) **Whose** bike is this?

Seite 95

9 a) Who does she love?
b) Who loves her?
c) What does he love?
d) Who did he like?
e) What did you say?
f) Who do you trust?
g) What helped him?
h) Who are you?
i) Who knows you?
j) What is this?
k) Who do you see?
l) Who does she write?

Seite 96

10 a) – Who told you this story?
– ~~Who did tell you this story?~~
b) – ~~Who met you in Munich yesterday?~~
– Who did you meet in Munich yesterday?
c) – What did you answer to this silly question?
– ~~What answered you to this silly question?~~
d) – ~~What did the damage cause?~~
– What caused the damage?
e) – ~~Who wrote he so many letters?~~
– Who did he write so many letters?
f) – What did she see?
– ~~What saw she?~~
g) – What do you think?
– ~~What think you?~~
h) – Who protested against the new station building?
– ~~Who did protest against the new station building?~~
i) – ~~Who did say that teachers had to be strict?~~
– Who said that teachers had to be strict?

11 What **did you say**? – I didn't say anything. – But somebody said something! Who **said**? – Nobody said anything. Whose voice **did you hear**? – I don't know. Who **said** something? – Nobody did. **Who's** your doctor? – Dr Stevenson. – Then go and see him!

Seite 99

12

	notwendig	nicht notwendig
Have you seen the DVD **which I bought yesterday**?	☒	☐
The book **that my sister gave me** was boring.	☒	☐
Jill, whose parents are abroad at the moment, likes movies from the 60s.	☐	☒
That's the man who I saw in the bank.	☒	☐
This man, who loves detective stories, is my father.	☐	☒
I don't like the kind of cheese which you brought from the supermarket on Monday.	☒	☐
Mary's shop**, which sells second-hand clothes,** is open until 4 o'clock in the afternoon.	☐	☒

13 a) Our neighbour**, who knows much about butterflies,** is out for dinner.
b) ✓
c) Will he meet John**, whose daughter's name is Joanne,** this afternoon?
d) Mrs Lombard**, who likes fast food,** won't come to the party.
e) ✓
f) Mr Armstrong, who won the Tour de France several times, lives in the States.
g) ✓
h) ✓
i) The police officer wanted to talk to Mr Wayne**, who is a taxi driver**.

Seite 100

14 a) This is Paula, the cat **which** would like to be mouse.
b) These are the people **who** tried to catch Paula.
c) This is the hole **which** Paula tried to hide in.
d) This is Sally **who** rescued Paula.
e) And this is the milk **which** poor Paula is going to drink now.

15 a) The girl ~~**which**~~ • **whose** • ~~**that**~~ brother is fifteen likes playing tennis.
b) The letter **that** • ~~**who**~~ • **which** you sent me is two pages long.
c) She doesn't like the kind of music **that** • ~~**whose**~~ • ~~**who**~~ • **which** was played in the circus.
d) Everybody **who** • ~~**which**~~ • **that** knows how to sail a boat come here, please.

Seite 101

16 a) Our chemistry teacher, ~~**that**~~ • ~~**which**~~ • **who** is 35, will help you with the experiment.
b) Mr Bond gave his son a model airplane, ~~**that**~~ • ~~**whose**~~ • **which** he had bought in the toy shop.
c) Carol Woytyla, **who** • ~~**that**~~ • ~~**which**~~ was a bishop in Poland, became pope.
d) Yesterday I met Sue, ~~**that**~~ • ~~**which**~~ • **who** is always nice to talk to.

17 a) This is the boy Max is afraid of.
b) Where is the book (that/which) I'm looking for?
c) This is the man everybody is proud of.

Seite 102

18 a) John Pearl is the magician **who** knows how to turn teachers into frogs.
b) The car ~~**which**~~ we rented in Scotland was brandnew.
c) The man ~~**that**~~ she was talking to is the chief executive of MM Toys.
d) The company ~~**which**~~ I work for was founded 10 years ago.
e) Does he know the person **that** wrote a letter of application to him?
f) Look at the dog **which** is sitting on the roof!
g) Have you ever met someone **who** really liked school?
h) Here's the magazine ~~**that**~~ you wanted to read.

19 The girl **whose** dog is named Homer is twelve. She lives in the house in York Road **that** is painted blue. Her father, **an engineer**, loves dogs, too. That's why he'd like to have another dog, one of those **that** usually herd sheep. He is one of the people **who** love running and these sheepdogs love running as well.

Seite 104

20 It's a rainy Sunday morning. Mike doesn't know what **to do**. It's too boring **to sit** on the sofa and **watch** TV. He knows how **to play** the piano, but he doesn't like to, because he played it for four hours yesterday. Poor Mike. It's absolutely terrible **to see him** in such a bad mood.

Seite 105

21 a) I don't know how to solve this problem.
b) Did he ask her when to start work?
c) Nice to meet you.
d) It was a big surprise to see my brother.
e) Do you know how to open this file?
f) It was terrible to see the ship sink.
g) It was a good idea to paint this wall.
h) It's a high risk to climb this mountain in winter.
i) Ask him how to help him.

Seite 106

22 a) She didn't know what to answer.
b) I asked him where to go.
c) I was surprised to see Aunt Olivia with her oldtimer car.
d) It was rather difficult to solve the problem so quickly.
e) Can you tell me how to loosen this screw?
f) I told him where to go to get a new passport.

ABSCHLUSSTEST

Seite 108

1 Richtig sind: a, c, d, e, f, g, j, l, m

Seite 109

2 a) If Tim **joined** our team, we would win the next match.
b) Tina will be able to go shopping with us later if she **does** her homework now.
c) If you lose your passport, you **will have to** go to the police.
d) If she loved me, she **would tell** me.
e) We would buy a house if we **had** 300 000 €.
f) If Mary **saved** more money, she could go to the concert.
g) If he knew the effects of alcoholism, he **wouldn't drink** so much.
h) I would help her if she **asked** me.
i) If John doesn't improve his English skills, he **will fail** his exam.
j) If people **knew** more about this virus, they would be careful.
k) She won't be happy if you **tell** her the truth.
l) If I **was/were** a pilot, I would like to fly the Airbus.
m) If I **was/were asked**, I would like to be a pilot.
n) Your cat will become aggressive if you **grap** her tail.
o) If you **didn't accept** this offer, you would be silly.

Seite 110

3 I'm a little zebra and I'm new here at the Blackwood Zoo. So I've got many questions to ask: **Who** will give me my water? **Who's** the owner of this zoo? **What** must I do to get enough food? Who **do** I have to tell if I feel sick? What **do** I do after a heavy thunderstorm? **Who's** this strange man in the white coat? What **does** "vet" mean? **Whose** child is this next to the kiosk? What **do** all the animals do at night? **Who** will tell me bedtime stories? **Who** tells me where to get my food in the morning? Who **do** I have to ask about toys? **What** do I have for breakfast? **Who** tells me about sport activities? **Who** do I have to go to to ask for new clothes? **Who's** responsible for lessons in how to annoy lions? **What** will happen, if I don't go to the zoo school? **Whose** vehicle can I use when I would like to go on a trip outside the zoo? **Who** gives me information about holiday camps in Africa?

Seite 111

4 London is one of the most beautiful cities **--** the world has ever seen. London has got many famous museums and tourist attractions **that/which** are known all over the world. The Tower Bridge, **which** is the most famous bridge in London, is visited by millions of tourist every year. The history of London, **which** is going back to its founding by the Romans, **who** called it Londinium, is most interesting. London is a city **that/which** is the world's largest financial centre alongside New York. The Underground, **which** is the oldest underground railway network in the world, is the second largest in the world after Shanghai. Greater London, **which** covers an area of 1600 square kilometers, has a population of about 7.5 million. The River Thames is a tidal river **that/which** makes London vulnerable to flooding. In 1974 people started a project **that/which** will help to make the city safer – the Thames Barrier. It will hold back water **that/which** might run into London in periods of heavy rainfall.

Seite 112

5 9 o'clock. It's difficult **to get up** so early in the morning. I would prefer **to lie/stay** in bed all day, but it's not **easy** to explain this idea to my mother. On the other hand, it's just boring **to** lie in bed and do nothing. I don't know **what** to do now. Perhaps it might be a great **idea** to go to the zoo this Saturday morning, but I **don't know** how to get there, because the busses aren't running today. They're on strike. It's really terrible **to be** without a vehicle. My brother's bike is easy **to** ride, but he's away on a sports camp this weekend. I would like **to have/buy** my own bike, but it's difficult to **get/buy** one, if you don't have the **money** to buy one. I must ask Pete where **to get** cheap used bikes. Perhaps he **knows** how to get one. It might be a good plan **to** go to the sports club today. I would love my mother **to** take me there, but I think she would prefer to **sit/stay** in her armchair and read a book. Let's see **how** I can persuade her **to** give me a lift. Oh, it's a nuisance **to** spend a boring Saturday's morning if you don't know **what** to do!

STICHWORT-VERZEICHNIS

BILDQUELLENVERZEICHNIS

Evelyn Neuss Illustration, Hannover: 10.2, 13.2, 16.2, 18.1, 21.1, 21.2, 21.3, 21.4, 21.5, 21.6, 22.2, 22.3, 25.1, 25.2, 25.3, 25.4, 25.5, 25.6, 25.7, 33.2, 35.2, 35.3, 35.4, 44.2, 44.3, 45.1, 45.2, 45.3, 45.4, 47.2, 56.1, 57.2, 57.3, 57.4, 57.5, 57.6, 62.1, 63.1, 64.2, 67.1, 71.2, 72.1, 90.1, 92.1, 93.2, 97.1, 97.2, 97.3, 97.5, 100.3, 103.2, 106.1, 108.1, 108.2, 108.3, 108.4, 108.5. | fotolia.com, New York: ExQuisine 74.2. | imprint, Zusmarshausen: 6.1, 10.1, 11.1, 12.1, 13.1, 16.1, 17.1, 20.1, 22.1, 23.1, 26.1, 28.1, 29.1, 32.1, 33.1, 44.1, 46.1, 47.1, 48.1, 48.2, 49.1, 52.1, 54.1, 58.1, 60.1, 61.1, 64.1, 65.1, 68.1, 71.1, 72.2, 80.1, 81.1, 81.2, 82.1, 82.2, 84.1, 85.1, 88.1, 89.1, 91.1, 93.1, 94.1, 94.2, 98.1, 100.1, 102.1, 104.1. | iStockphoto.com, Calgary: fleaz Titel; invincible_bulldog Titel; Novikov, Denis Titel; TopVectors 107.2; ulimi 4.1, 5.1, 74.3. | Mavie Noelle: Titel, Titel, Titel, 1.1, 1.2, 1.3, 1.4, 1.5, 1.6, 1.7, 1.8, 1.9, 1.10, 1.11, 1.12, 1.13, 1.14, 1.15, 1.16, 1.17, 1.18, 1.19, 1.20, 1.21, 1.22, 1.23, 1.24, 3.1, 3.2, 8.1, 9.1, 15.1, 19.1, 19.2, 24.1, 30.1, 35.1, 49.2, 52.2, 54.2, 57.1, 59.1, 63.2, 66.1, 69.1, 73.1, 74.1, 91.2, 95.1, 97.4, 100.2, 103.1, 107.1.

Mavie Noelle

Mavie Noelle